Constelaciones familiares

CRISTINA LLAGUNO

CONSTELACIONES FAMILIARES

CÓMO SANAR EL DAÑO INVISIBLE
EN EL NÚCLEO FAMILIAR

Lea

Lea España • Armonía
Directora editorial: Rebeca Rueda

www.almuzaralibros.com
pedidos@almuzaralibros.com - info@almuzaralibros.com
Parque Logístico de Córdoba. Ctra. Palma del Río, km 4
C/8, Nave L2, nº 3, 14005, Córdoba.

Imprime: Kadmos
ISBN: 978-84-10528-72-7
Depósito legal: CO-1101-2025
Hecho e impreso en España - *Made and printed in Spain*

ÍNDICE

Prólogo

«Es necesario ser valiente para sanar. El movimiento sanador es una fuerza que nos lleva a la acción, que nos hace humildes, despiertos, generosos, fuertes». Esta es una de las frases que he escuchado una y otra vez de la doctora Cristina Llaguno y que, del mismo modo, he anotado, repetido y atesorado porque resuena en mí con firmeza y la considero uno de los tantos regalos recibidos de la mano de mi maestra.

He aprendido a lo largo de estos años, en los cuales la filosofía para la vida de Bert Hellinger impregnó mi mirada y mi diario vivir, que para resolver nuestros asuntos debemos primero conocer los mensajes internos a los que obedecemos, aun en la creencia de no haberlos escuchado.

«Daño invisible» es el nombre original con que la autora describe, y nadie antes lo ha hecho de este modo ni bajo este título, para mostrar que no únicamente un hecho explícito, una herida y/o un evento traumático de la infancia pueden marcarnos y condicionarnos, sino que también existen daños sutiles que requieren ser mirados, reconocidos y trabajados para sentirnos mejor y en nuestro lugar. Ello convierte a esta obra en un trabajo inédito y actual, con plena vigencia y originalidad en su abordaje, desde la mirada sistémica.

Cada párrafo nos invita a varios «darnos cuenta», y a través del recorrido de la amena lectura de esta obra, aprenderemos cómo lograr revertir el «daño invisible» adquirido en la infancia y cómo trabajar con uno mismo hasta lograr ser un adulto consciente.

El objetivo fundamental del libro es el abordaje de una problemática que, aun sin llegar a ser un trauma, marca la vida de las personas, limitándolas y anulando anhelos por la obediencia inconsciente a «voces» y «mensajes» asumidos como verdades absolutas durante la infancia y la adolescencia especialmente. Lo difícil de esto es que el individuo no advierte *a priori* el real daño que en la vida adulta ello puede configurar, afectando el desenvolvimiento de los diferentes roles que la vida familiar, social, laboral nos presenta, y, más aún, frustrando o posponiendo los propios deseos.

El daño invisible es una comprensión de la autora, que explica de manera sencilla pero contundente por qué podemos sentirnos carentes, insuficientes, infelices, aun cuando todo indicaría que no hay causa para ello. Y, mejor aún, es que nos invita a una solución posible, ya que, identificando esas «voces» aún sutiles que lo causan, sí pueden modificarse con una reprogramación consciente. Pero, para ello, es necesario sentir la incomodidad, la limitación y/o el conflicto, que se convierte en una oportunidad para trabajar esas cuestiones que cargamos en la mochila emocional y que nos afectan, pese a sernos ajenas. Los talleres de configuraciones sistémicas y los diferentes espacios generados por la doctora Llaguno, sus libros, sus clases, hablan por sí solos de la experiencia y generosidad que transmite, siendo coherente en su enseñar y su vivir.

Honro por ello a la vida; a Bert Hellinger, que escogió a la doctora Cristina Llaguno como uno de los ocho maestros, y la honro a ella, mi maestra, por haberme mostrado este camino y por acompañarme en cada paso de mi proceso, habiendo tomado todo lo que ella brinda, para mi sanación y crecimiento, al que se suma este libro.

Les invito a recorrer esta obra, con el corazón abierto y la mente atenta, porque haber escogido esta lectura implica ya haber comenzado un trabajo de introspección, y nadie mejor que la maestra Cristina Llaguno para acompañarnos, quien desde su excelsa experiencia y generosidad se pone una vez más al servicio de la vida para la reconciliación.

María Victoria Marchisio
Lincoln, marzo 2024

PRIMERA PARTE

A qué llamamos «daño invisible»

A través de este trabajo, los lectores tomarán consciencia de sus imágenes internas y de sus relaciones familiares, laborales, jurídicas, desde la perspectiva de las leyes para la vida de Hellinger y mi experiencia personal trabajando con casos legales y familiares durante más de cuarenta años, considerando la filosofía hellingeriana como una filosofía para la vida, lo que con seguridad producirá cambios en la visión de cada uno acerca de su familia y sus relaciones.

Mis consultantes dicen: «Tengo todo y no soy feliz». ¿Qué significa «tenerlo todo»? ¿Propiedades? ¿Dinero? ¿Trabajo? ¿Salud? ¿Familia? ¿Vacaciones aseguradas?

En este libro exploraremos todos estos temas y llegaremos a la raíz del conflicto. Y, como siempre digo, bendigo al conflicto, porque, cuando se presenta, es señal de que una nueva lección estoy por aprender.

Lo que me motivó a escribir este sexto libro son aquellas preguntas que me he hecho en algún momento de mi vida, y que también se plantean mis consultantes y clientes, como la de «¿por qué me siento "poco"?». Y, sin embargo, resulta impreciso saber desde cuándo me ocurre percibir esa sensación, entre muchas otras de índole mayoritariamente negativa.

Las voces internas que escucho son mías, ¿por qué, en lugar de darme aliento, me hacen sentir inseguridad, insuficiente, y me insinúan catástrofes que afortunadamente nunca ocurren?

- «No me siento feliz».

- «Padezco melancolía desde que tengo memoria».
- «Paso por momentos de ansiedad y me siento en control de todo y de todos».
- «Mi autoestima se encuentra debilitada y lo único que no puedo controlar son mi persona, mis pensamientos negativos sobre mí».
- «Me comparo con otras personas y creo que han logrado algo que yo no; las critico, sobre todo a mis jefes, pensando que yo podría hacerlo mejor en el lugar de ellos».
- «Tiendo a pensar que los maestros e instructores no me vieron ni dieron las mismas oportunidades que a otros estudiantes».
- «En las comparaciones, los demás siempre son mejores que yo».
- «La sensación de derrota por no cumplir con la buena conciencia familiar».
- «Siento que no estoy a la altura de lo que se espera de mí».

¿De dónde surge el malestar? ¿Tendrá que ver con el apego? ¿Con las relaciones tempranas con nuestra madre o con nuestros padres? ¿Con duelos propios o ajenos? ¿Qué hago con la información cuando la conozco?

Genéticamente, venimos a la vida dotados de aptitudes que con el tiempo y el amor de nuestra familia tal vez descubramos y podamos desarrollar, pero ¿qué nos pasa con los acontecimientos que nos han hecho sufrir? Estos acontecimientos generan diálogos internos y quedan guardados en nuestro inconsciente, si no hemos aprendido a salir del rol de víctima que forzosamente tuvimos en nuestra infancia, permanecemos estancados, petrificados en ese rol y atraeremos a nuestra vida dos tipos de personas: un rescatador o rescatadora que se esforzará por sacarnos de ese lugar de «pobre de mí», o un perseguidor o perpetrador que reforzará la baja autoestima confirmando además que «sin mí no eres nadie» y que «nadie te quiere».

Más adelante profundizaremos en el tema del triángulo dramático y sus roles, el apego infantil y su impacto en la etapa adulta, las lealtades familiares que nos sitúan en la buena y mala conciencia.

No ser digno de amor es una idea muy extendida. Estos comportamientos sutiles, y a veces no tanto, son inconscientes, y los roles fueron aprendidos durante nuestra infancia y comenzaron con la relación con nuestros padres.

Si bien los traumas pueden ocurrir a cualquier edad, lo que analizaremos y trabajaremos serán esos conflictos irresueltos que cada día se hacen presentes en nuestros diálogos internos y conforman nuestras creencias limitantes y socaban nuestra autoestima.

En el año 1998, participé en un congreso que se denominaba «Enfermedades orgánicas de causa psiquiátrica y enfermedades psiquiátricas de causa orgánica». Qué lejos nos encontramos de esos enunciados, somos un todo y cada parte de nuestro ser es impactada por emociones y sentimientos, y esto se refleja en nuestro cuerpo a través de enfermedades, síntomas, actitudes, conductas.

Lo que te han dicho padres, maestros, amigos, figuras de autoridad, como abuelos, tíos, nanas, maestros, a lo largo de tu infancia, determina lo que te dices:

«Siempre te equivocas»	«Seguro que lo haré mal»
«No tienes creatividad»	«Mejor no lo intento porque lo estropearé, la pintura o artesanías no son lo mío»
«Te falta coordinación»	«Bailar es para los que coordinan bien»
«Los deportes son exigentes y tú eres frágil»	«Mejor no exponerme a que me hagan daño»
«Solo dices tonterías»	«Callo mis opiniones para no parecer desinformado y mostrar que no soy alguien que despierte interés»
«Nunca llegarás a nada con tu forma de ser»	«Soy un fracaso y todos se darán cuenta»
«Solo traes conflictos y problemas»	«Mejor paso desapercibido para no molestar»

Podríamos seguir sumando ejemplos, pero quizá lo mejor aquí sea que cada lector haga su propia lista, lo que escuchó que le dijeron y lo que se dijo a sí mismo y mantiene hoy en día.

Qué escuchaste	*Qué creíste*

Esto que te has creído conforma un grupo de creencias limitantes que te han impedido e impiden realizar tus deseos; estas creencias limitantes tienen su origen en ese daño invisible que formó al niño que fuiste y al adulto que eres hoy en día.

Hablar de «daño invisible» se vincula directamente con ideas o pensamientos negativos que tenemos de nosotros mismos, como si fueran verdades absolutas y que no necesariamente son reales. No obstante ello, estas ideas o convicciones están tan arraigadas en nuestra mente que nos privan de alcanzar nuestro máximo potencial. Lo que sí sabemos es que ellas se generan durante la infancia y/o en la adolescencia.

El tema es que la mayoría de nosotros cargamos en la mochila emocional muchas de estas creencias limitantes de manera inconsciente, silenciosa, y estas suelen pasar inadvertidas durante mucho tiempo, hasta que decidimos trabajar el porqué no logramos ser felices o avanzar en la vida en general, o en ciertos aspectos de esta. Lo cierto es que estas frases que nos dijeron o nos decimos nosotros mismos con esa voz interna nos bloquean, nos frenan, nos frustran e impiden la consecución de metas y deseos.

Las creencias limitantes pueden afectar a un ámbito de la vida o a todos a la vez, ya que generan inseguridades. Dichas creencias pueden surgir a partir de un evento o comentario dañino hacia la persona que las sufre.

Estas creencias pueden manifestarse como pensamientos negativos sobre uno mismo, que generan un daño invisible, silencioso, pero no inocente ni inocuo.

La invitación que hace este libro es la de poder descubrir y reconocer cuáles son nuestras creencias limitantes, y así poder desafiar estas creencias, ya que resulta fundamental para el crecimiento personal y profesional. Al cuestionar su validez, podemos reemplazarlas por creencias positivas, neutralizar los conflictos irresueltos, y de ese modo cada uno trabajará para liberarse de esas limitaciones autoimpuestas y se abrirá a nuevas oportunidades y posibilidades.

Mis creencias limitantes:

_____

¿Te animas a explorar qué sueños de la infancia te has visto impedido de realizar por estas creencias, por este conflicto irresuelto?

Mis sueños de la infancia:

_____

Analiza áreas de tu vida en las que no te sientes satisfecho/a, realizado/a, donde percibes estancamiento y no encuentras cómo avanzar hacia el logro imaginado.

Hijo/a

_____

Pareja

_____

Estudios

Profesión

Trabajo

Relaciones

Viajes

Maternidad/Paternidad

Creatividad

Salud

Sexualidad

La lista es enunciativa, no taxativa, así que puedes extenderla tanto como sueños hayas tenido o tengas y no logres alcanzar.

Tengo una gran noticia: ahora, de adultos, podemos cambiar, podemos hablarnos de una forma amorosa y positiva, y ese cambio poco a poco acabará con el sufrimiento, la inadecuación y el pesimismo...

El trabajo interno de reconocimiento de nuestras fortalezas y lo que consideramos difícil y tratamos de ocultar para los demás e, inconscientemente, para nosotros debe ser mirado, observado, reconocido y sanado. Se trata de una tarea a realizar con nuestra alma, con nuestro inconsciente.

La ventaja de resolver los asuntos difíciles, aun los que llamamos «conflictos irresueltos» y que se han transformado en nuestras voces interiores que nos boicotean y nos impiden lograr nuestros objetivos, es que, de no hacerlo, podríamos transmitírselos a otros, no solo a nuestros hijos, sino que, al verbalizarlas como recomendaciones o consejos, podemos estar esparciendo a nuestro alrededor mensajes de incomodidad o molestia que traerán consecuencias.

Un adulto evalúa, aunque el mensaje sea en apariencia muy positivo, como, por ejemplo: «Tú puedes hacerlo», «Tú te mereces lo mejor». Debemos ser cuidadosos con quien escucha y, sobre todo, con el contexto. No es lo mismo decirle a un niño que está aprendiendo a nadar, o a andar en bicicleta, o a caminar: «Tú puedes hacerlo»; que a alguien que está compitiendo por logros dudosos en desafíos de redes sociales con desconocidos, poniendo su vida en riesgo.

Cuando procesamos nuestras experiencias, estas cobran sentido dentro del contexto donde se realizaron. Ignoramos completamente los hechos en las vidas de las personas: abstenerse de dar consejos es lo mejor; quedarnos en una escucha atenta y recomendaciones si nos son solicitadas.

Para cambiar es necesario tomar consciencia y buscar alternativas de solución. Una posibilidad es la que ofrezco en este libro: las configuraciones sistémicas. Siendo que una inspiración para escribir ha sido el trabajo que aprendí con mis maestros, no puedo restringirme solo a uno, todos han forjado quien soy. Uno de los grandes aportes a mi vida, y que ha sido una verdadera revelación, es que a partir del trabajo con Bert Hellinger pude mirar un conflicto; cualquiera de que se trate es posible ser mirado y hacer con esa imagen un diagnóstico de situación y una intervención si lo deseo y transformarlo en una o varias soluciones. El trabajo con Stanislav Grof me abrió a la concepción espiritual de la psicología transpersonal, aprendí a estar presente para mí y para mis consultantes, y sobre todo a ser paciente, ya que los procesos personales no tienen ni la misma velocidad ni la misma intensidad con todas las personas. Asimismo, el Dr. Norberto Levy, además de la autoexploración, me mostró la dimensión profunda de los despliegues, con un acompañamiento amoroso. Y, por supuesto, sigo aprendiendo con mis consultantes y alumnos. Todos somos maestros y alumnos a la vez.

TEORÍA DE LA *PIZZA*

En estos cuarenta años trabajando con alumnos en diversos entrenamientos, elaboré la teoria de la *pizza*. Sé que les hace gracia a todos y, por otra parte, encuentro que, al ser un tema difícil emocionalmente hablando, con esta explicación, que está asociada a la alegría, los conceptos se recuerdan mejor.

Imaginemos que puedo representar a una persona como si fuera una *pizza*.

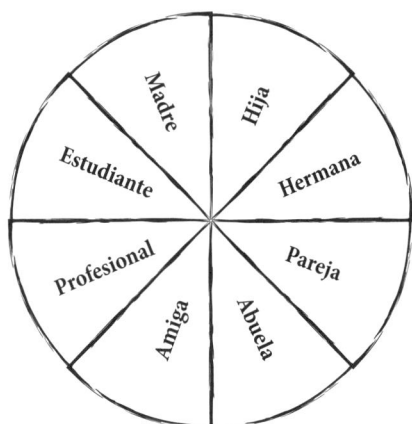

Cada porción es un rol: hija/o, hermana/o, pareja, abuelo/a, amiga/o, profesional, madre o padre, estudiante. Estos son los roles básicos que las personas traen como temas a resolver en los talleres o sesiones individuales. Implican también el desarrollo a través de distintas etapas de la vida.

La persona puede tener sesenta años, ser madre, abuela, profesional, y, sin embargo, sentirse infeliz; entonces llega a consulta y nos comenta que no conoció a su padre, que se enteró a los ocho años de que su madre apenas lo conoció y ni siquiera sabe su nombre. Esta situación traumática desencadenó en su juventud y adultez conductas de desvalorización; en lugar de resolverlas, se escudó en una profesión de ayuda, donde se requieren sus servicios y no debe exponer su historia, escucha, hace recomendaciones, y se pregunta una y otra vez: si hubiera conocido y tratado a su padre, ¿haría que su presente fuera diferente? Se siente una impostora, ya que sus conocimientos pasan por su entender —solo con el razonamiento—, y no por comprender a sus pacientes. Comprender incluye todo nuestro ser, emociones, sentimientos y, por supuesto, conocimiento y comprensiones. Una parte suya se encuentra bloqueada.

Cada vez que toma un curso de perfeccionamiento en su profesión, si la que lo dicta es mujer, instantáneamente dice «La odio», «No sabe nada», y si es un hombre, permanece embelesada en sus clases y, diga lo que diga el profesor, no discute ninguna de sus ideas.

¿Qué ha pasado? Ella ha escindido una porción, la de hija de ocho años, y muy esmeradamente vuelve a armar su *pizza* para que no se note que falta una porción. Sin embargo, esto no es del todo posible, ya que un observador vería que no tiene amigas, solo rivales; algunos amigos varones, a los que no les pone límites y le quitan su dinero, usan su coche y se casan con otras mujeres.

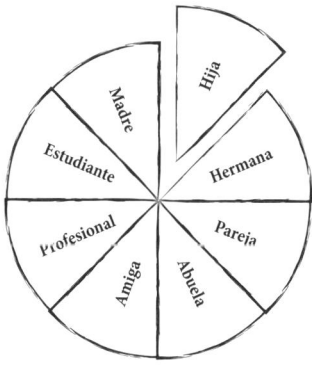

El comentario de sus colegas es: ¿cómo puede ser que una mujer, una profesional inteligente, sea tan inmadura cuando se trata de parejas?

Para comprender esta dinámica será necesario conocer la filosofía de Hellinger: cuando una persona se siente incompleta y busca en su pareja aquello que siente que su madre no le dio, fracasará a la larga en su relación, ya que se encontrará con otro, que también se siente carenciado e incompleto, al que le exigirá que le dé lo que su madre no le dio (afecto, ternura, diálogo, apoyo, etc.), o cree que su madre no le dio.

Conocí cierta vez a una persona cuya madre le había dado en trasplante una parte de su hígado y uno de sus riñones, e insistía diciendo: «Mi madre no me ha dado nada».

Dos personas carenciadas o incompletas no hacen una pareja que permanezca en el tiempo.

La pareja que permanece unida es la de dos personas que se saben hacer felices a sí mismas y que tienen un proyecto o varios en común, que no temen a los contratiempos que la vida siempre traerá porque saben hablarse con cariño y apoyarse mutuamente.

Nadie viene a la vida a completar a otro, y por otra parte somos la suma de las edades que tenemos, ya que en cada etapa es seguro que haya habido conflictos sin resolver, traumas que hacen que la persona esconda detrás de su aparente normalidad la edad de esas situaciones.

Se puede tener sesenta años y en varios aspectos actuar de quince o veinte años.

Se es adulto cuando casi todas nuestras partes llegan a la misma edad.

El trabajo terapéutico es ir llevando al consultante a su edad cronológica, o lo más cercano a ella.

Aprendemos a surfear las olas que la vida nos trae; a veces pasamos largos períodos haciendo la plancha hasta llegar a pensar que así será siempre, y de pronto un acontecimiento nos trae olas o tsunamis a nuestra vida, entonces tendremos la oportunidad de aplicar lo que aprendimos y ver qué tal nos resulta surfear.

Lo importante: lograr ser capaces de elegir y decidir desde nuestro presente, y no desde los conflictos irresueltos del pasado; aprender a hacerme feliz; transformarme en adulto que se hace responsable de sus decisiones y acciones; salir de los «debería», «tendría», «necesitaría», para sanar mis reacciones difíciles, para crecerme; aprender a decir «no» cuando necesito decirlo y «sí» cuando quiero decir «sí». Esto es bien difícil, ya que muchas veces aceptamos, para no entrar en discusiones, comentarios o actitudes de los demás que nos dañan.

Cuando aprendo a satisfacer mis necesidades, me siento una persona completa. ¿Qué es lo que me espera desde esta posición? Oportunidades, aprendizajes, desafíos, alegrías y surf…

Conversando con una terapeuta amiga, decíamos que, cuando llega un consultante a la consulta, nos encontramos con fragmentos de su alma —algunos quedaron en el tiempo, muy atrás, asociados a los traumas de la persona— y que, cuando esos fragmentos logran reunirse, es como mirar un caleidoscopio: todas las piezas tienen un lugar y la imagen completa es maravillosa; mientras tanto, trabajar con cada parte requiere disciplina, paciencia, tolerancia a la frustración, dejar atrás la falta de información y dar ese salto que nos lleva del dolor al amor.

Cuando expresamos a un consultante que todas las conductas, aun las más duras y difíciles, son amor, nos mira con sorpresa. ¿Cómo es eso posible?, si el amor no duele. Es verdad, el amor no duele, lo que duele es el amor ciego, esos sentimientos que tenemos con relación a los demás cuando no estamos en nuestro lugar, en nuestro lugar como hijos, pareja, hermanos, colegas.

Si, para ser amado, me coloco en lugares donde no soy mirado ni reconocido en mi rol, estoy bordeando el rol de rescatador y no obtendré lo que deseo. Por ejemplo, como hijo o hija, sabiendo que mis padres tuvieron una infancia difícil (o uno de ellos), me coloco, para compensar lo que les faltó, en el lugar de uno de sus padres; automáticamente, al encontrarme en el lugar de un abuelo o abuela, mis padres no me verán, yo solucionaré sus asuntos, trataré de compensarlos de lo que —según el relato de ellos o mis suposiciones— les faltó, sin preguntarles qué necesitan, ya que esta actitud sería la de un hijo que acompaña a sus padres, quizá, mayores; la diferencia entre amor ciego y amor que ve es el lugar donde me coloco. Y aquí surge otra de mis frases favoritas: «Si no hay respeto, no hay amor».

Existe una relación directa y estrecha entre buena y mala conciencia, amor ciego y amor claro. Hablamos de lealtad al sistema. ¿Qué es lealtad? ¿Qué significa pertenecer? Todos somos integrantes de una familia. Cada uno ocupa un lugar. Sin embargo, esta verdad se ve perturbada porque no siempre ocupamos nuestro lugar, sobre todo como hijos. Queremos hacer felices a nuestros padres, olvidándonos de que nos han traído a la vida para hacernos felices.

Cuando quiero hacer felices a mis padres, soy otra persona y llevo en mí un destino difícil. Tal vez esté identificado con un excluido, alguien que se fue pronto de la vida o no nació, o tal vez me identifique con alguno de mis ancestros, más allá de mis padres. Entonces me siento poderoso, más que mis padres, más sabio, más experto, y ese más, en definitiva, es un menos. Porque quien se comporta de esa forma tiene menos fuerza, menos credibilidad, menos salud, menos éxito, menos trabajo, y sus hijos lo sufren.

Quien está en amor ciego es soberbio y carece de humildad, no reconoce ni agradece, no suma ni multiplica, aplica su energía en dividir. No es libre, aunque cree que lo es.

¿Qué ocurre cuando alguien así pertenece a una familia, a un grupo, a una organización? Se comporta como si ya supiera todo, modifica las normas y las reglas a su antojo, coquetea con otros sistemas, picoteando conocimiento aquí y allá. Como no respeta a sus padres, ni a sus maestros, ni a sus pares, produce caos a su alrededor con su soberbia y cree que lo hace desde su buena conciencia, que está creciendo desde la mala conciencia.

Para tener mala conciencia y crecer, es necesario estar en el amor claro, con agradecimiento en el corazón. Desde allí, facilitar el amor claro y su movimiento a más.

Todo lo que hacemos desde otro lugar nos deshonra, y también a nuestro sistema, y nos transforma en un niño caprichoso y egoísta que destruye.

En muchas ocasiones, al participar de un taller, la persona adulta observa que su resentimiento hacia alguien de su sistema familiar no tiene que ver con una actitud que se haya tomado contra ella, sino con el hecho de haberse colocado en una posición de niño o niña, y en ella se ha cronificado.

Puede ver y sentir que las decisiones que tomó a temprana edad están relacionadas con su amor inconsciente, con la lealtad y las dinámicas ocultas.

La persona que se encuentra en amor ciego experimenta resentimiento, sensación de no ser vista o reconocida, de ser invisible.

Lo cierto es que, así como el amor ciego conduce al fracaso, todos tenemos el potencial para vivir la vida que queremos, en lugar de la vida que estamos programados para vivir. A veces, sin embargo, este potencial se ve obstaculizado por patrones repetitivos o secuencias de comandos inconscientes o conflictos irresueltos que se derivan de la infancia.

Deseo, con humildad de corazón, que tomes la vida que viene de tus padres y que les agradezcas a todos aquellos a los que perteneces lo que hicieron antes de que nacieras. Eres todas las hijas y todas las mujeres de tu linaje, y también están en ti la fuerza y la energía de los hombres de tu sistema, seas varón o mujer. Todos están en ti, y ahora que los ves y los reconoces puedes hacerles una reverencia con tu cabeza e imaginar que te giras y todos quedan detrás de ti y juntos miran hacia lo que vendrá.

Si queremos hacer un análisis introspectivo, podemos recurrir a otra teoría que he desarrollado en mis años de enseñanza formando facilitadores en constelaciones sistémicas, en derecho sistémico y, actualmente, en resolución sistémica de conflictos. Se trata de la teoría de las cajas.

Para utilizar esta teoría, debemos centrarnos en el momento presente, sin distracciones ni dispersiones, en las relaciones interpersonales y en nuestro crecimiento.

Aquí surge una pregunta: ¿qué debería estar pasando en mi vida si todo estuviera bien?

A veces, cuando hago en clase esta pregunta, es sorprendente escuchar las respuestas, porque lo que es bien para unos a otros ni se les ocurriría siquiera pensarlo, y otra cuestión es que a veces hay personas que confunden «si todo estuviera bien» con «éxito».

Al nacer, estamos programados por la información que recibimos a través de nuestro ADN, e influenciados por el lenguaje verbal y no verbal de padres, abuelos y entorno cercano. La epigenética, rama de la medicina que estudia los cambios heredables en el ADN, muestra el impacto que tienen en nuestra salud y en la de nuestra descendencia los cambios que experimentaron nuestros ancestros en su alimentación o en sus condiciones medioambientales, o incluso el estrés ancestral, por ejemplo.

Las condiciones emocionales también tienen influencia sobre el cuerpo y sobre la forma de pensar y resolver conflictos personales y de relación.

Somos un todo, formamos parte de un todo. Interactuamos con otros que nos influencian y son influenciados por nosotros. La propuesta de este libro es incorporar herramientas sistémicas para mejorarnos y mejorar nuestras relaciones. Esta incorporación implica un proceso, un aprendizaje y una práctica para lograr resultados. No depende de quien la enseña, sino de quien aprende, y no hay un tiempo o velocidad esperable o comparable, ya que cada uno va a su ritmo, y los resultados se miden de una sola forma: la alegría que se siente al permanecer cada vez más en el presente y la paz que se experimenta y trasmite al alcanzar el estadio que cada uno desea.

Aprender a vivir sin creencias limitantes, sin conflictos irresueltos, es un gran aporte para individuos, familias y sociedades.

Somos seres sensibles, vulnerables, ansiosos de ser amados y de amar. Que anhelamos comprender qué nos motiva e inspira. Que anhelamos amor y paz.

TEORÍA DE LAS CAJAS

Cuando hablamos de la teoría de las cajas, hablamos de tres instancias, imaginando que dentro de nosotros existen tres compartimentos imaginarios: la caja padre, la caja niño y la caja adulto.

Caja padre

La caja padre se encuentra en tiempo pasado, conserva las experiencias vividas del sistema familiar, y de ella toma las normas, usos y costumbres que nos rigen como familia, como individuos y como sociedad.

Estos son los comienzos de frase más comunes de esta caja: «En esta casa», «En esta familia», «Nosotros no hacemos tal o cual cosa», «En mis tiempos», «Yo en tu lugar haría…», «Lo que deberías hacer es…», «Si tu padre o madre vivieran, te dirían que…», «Las normas de esta escuela, de esta empresa son…», «En este país, lo que se debería hacer es…».

Básicamente, hay muchos noes. Y muchos verbos conjugados en condicional, como *habría, tendría, debería,* y un dedo índice que nos señala, desde un lugar de saber indiscutible, cómo deberíamos vivir, reaccionar, comportarnos, relacionarnos, etc.

Los mandatos en esta caja padre tienen su origen en situaciones difíciles vivenciadas por el sistema familiar al que pertenecemos, a nuestro clan, entonces «Las mujeres no van a la guerra», «Los hombres no lloran», «Las mujeres no hacen asado», «Los niños no se sientan a la mesa con los adultos», «La Navidad se celebra en familia», «Si comienzas una carrera universitaria, la terminas, aunque no te guste», «Comes toda la comida del plato, aunque no tengas deseos», etc.

Ejercicio

Ahora te pido que describas cinco o seis mandatos o reglas de tu familia:

_____

_____

_____

Tal vez sea interesante explorar mandatos o reglas de la familia de tu padre y también de la familia de tu madre, y si tienes la posibilidad, descubrir cuáles fueron los mandatos que ellos crearon como pareja y sumaron a los que ya traían de su familia.

_____

_____

_____

Y profundizando un poco más, ¿cuáles son tus propios mandatos? ¿Has creado nuevos?

_____

_____

_____

Una vez que tengas tus listas, puedes compararlas con las de tus amigas o amigos de confianza —cada uno hace la suya—, y tal vez descubras que alguno de sus mandatos o reglas en su lista también debería ir en la tuya y no lo habías percibido. Agrégalos a tu lista.

También puedes reunirte con tus padres, abuelos y demás familiares, y pedirles que hagan sus listas de mandatos y reglas; puede ser una actividad muy sanadora evocar el momento en que se generaron y el acontecimiento relacionado. Tal vez, lo que observen es que algunos de esos mandatos ya no se aplican y que es posible que sus padres no los cumplan y ustedes sí; en ese caso, verán que, con el tiempo, ¡sus padres tal vez evolucionaron y ustedes se convirtieron en algunos aspectos en sus abuelos!

Esta actividad puede deparar sorpresas interesantes, y también será una ocasión para compartir experiencias, escuchar a los ancestros y comprender el porqué de algunos mandatos. Aprovechar estos momentos para compartir fotografías y no solo anécdotas nos hará descubrir deseos, gustos y aficiones que creíamos personales y vienen de varias personas de la familia.

Tal vez te resulte inspiradora esta actividad y decidas iniciar junto con otros miembros el árbol familiar, o la biografía del clan, o tu propia autobiografía.

Cuando nuestra vida se desenvuelve según los parámetros de la caja padre, vamos poco a poco rigidizándonos. Todo lo que el niño ve hacer y escucha decir a sus padres se graba en esta caja, sin modificaciones. Lo mismo ocurre con el concepto que los padres tienen de la vida. La comprensión del niño a esa edad es lineal y no percibe dobles intenciones o lenguaje sutil.

La vida para algunas familias es un valle de lágrimas, una fuente de sufrimientos, y hay que transitarla, o puede ser una experiencia maravillosa llena de oportunidades de crecimiento, apoyo, consuelo y amor.

Las grabaciones que recibimos de los miembros de la familia y allegados durante nuestros primeros cinco años se graban como verdades inmutables en la mente del niño. Es una grabación permanente, de allí que sea necesaria su revisión, adecuación al contexto y valoración, y esta grabación, si no tomamos consciencia de ella, estará lista para ser reproducida durante toda la vida y ejercerá una poderosa influencia a lo largo de los años, ya que se interioriza rígidamente como un conjunto de datos esenciales para la supervivencia, propia y del clan donde nacimos.

La persona que vive de acuerdo con los contenidos de la caja padre no toma decisiones por sí misma; se adhiere a las decisiones que alguna vez tomó el clan al que pertenece; no analiza los mandatos o preceptos, y, aunque no coincidan con los dichos y actos de los padres o hayan perdido vigencia, los acepta y los repite.

Muchas veces los padres dicen «no fumes», y ellos fuman. Esto confunde al niño, entonces la grabación es dejada de lado y no es reproducida, incluso se bloquea la consigna o el mandato. Asimismo, cuando un niño observa una pelea entre sus padres o entre miembros de su familia, y aquel que representa al «bueno» —a criterio del niño— come para aliviarse ante el conflicto, aprenderá desde temprano a consolarse comiendo ante emociones angustiantes o difíciles.

Si el hijo percibe a uno de sus padres como el «malo» y al otro como el «bueno», en la adultez puede sentir ambivalencia o discordancia, y este conflicto interior puede llevarlo a la desesperación. Esto les ocurre a las personas que no son lo suficientemente libres como para examinar de manera crítica los contenidos de esta caja.

La caja padre está, por tanto, como ya dijimos, llena de pasado, de experiencias difíciles, de victimismo, de resignación, y también de agradecimiento, de lealtades y de experiencias de resiliencia, heredadas de todas las mujeres y de todos los hombres que nos precedieron y pertenecen al clan del cual formamos parte.

Además de los padres físicos, existen otras fuentes que aportan datos a la caja padre: la televisión, las redes, los hermanos mayores, los maestros y otras figuras de autoridad.

Comentario: los mandatos no están hechos para romperse, sino para ser reconocidos, honrados, valorados y seguidos en la medida en que nos sirven. El contenido de la caja padre puede ser una carga o un beneficio para nuestro presente, y esto solamente podemos averiguarlo si nos hemos transformado en adultos sin creencias limitantes y conflictos irresueltos.

Caja niño

La otra caja imaginaria que tenemos dentro de nosotros es la caja niño, que contiene rabietas, pataletas, conductas pasivo-agresivas, oposicionismo, nuestro propio guion de vida, proyecciones, enojos, sentimientos secundarios, emociones (como la ansiedad, la angustia, el resentimiento y el rencor) y la actitud de víctima que predomina en sus relaciones.

Las personas que se encuentran posicionadas desde la caja niño, en general, hablan de forma infantil, pueden llegar a llamar «papi» o «mami» a sus parejas o hijos, hablan con diminutivos.

No conocen los límites y actúan de manera irresponsable, sin hacerse cargo de la consecuencia de sus acciones.

Hablan sin filtro, sin darse cuenta de que hieren a quienes los escuchan. Opinan sin que se les pida opinión, no dan tiempo para las respuestas a sus preguntas, interrumpen, como adelantándose a lo que diremos, y, en general, no escuchan ni respetan el tiempo de los otros.

Tienen dificultad para separar la información en pública, privada e íntima. Por ejemplo: Un hijo le comenta a su madre que le gusta una chica (esfera íntima), se lo dice en privado, a solas. Pasan algunas horas o días, y el padre (ahora el tema está en la esfera privada de la familia), en una reunión familiar (esfera pública), le hace un comentario al hijo acerca de su relación y de la conversación que tuvo el hijo con la madre. Esta actitud del padre, de hacer público un tema íntimo de su hijo sobre el que además no fue depositario, y la actitud de la madre, de no conservar la conversación con el hijo en forma íntima, pueden hacer que el hijo no confíe nunca más en ninguno de sus padres. ¿Te ha pasado?

Otro ejemplo: El hijo aprende a tocar el violín, está comenzando con sus clases. En una reunión familiar, uno de los padres —o ambos— insiste en que el hijo muestre sus habilidades ante la familia y amigos. No pregunta si quiere hacerlo, lo presiona para hacerlo, y muchas veces esta será la causa de la interrupción de esos estudios por parte del hijo. «Perdió el interés», dirán los padres, sin imaginar que ellos fueron los causantes por no respetar la intimidad del hijo.

Las personas que permanecen en la caja niño, por lo general, se sienten víctimas de la vida y del mundo; simbólicamente, de su madre y su padre.

Cuando hablan, dicen «yo quiero», «yo digo», yo, yo, yo… Les gusta dar consejos y se ofenden si la otra persona no los sigue. Desvalorizan a sus parejas delante de terceros. Hacen bromas sobre ellos y se expresan como si estos no estuvieran presentes. Monopolizan las conversaciones. Toman las ideas de otros y las hacen propias sin ningún pudor. Se justifican y dan excusas para no cumplir con sus obligaciones, llegan tarde a las citas, olvidan aniversarios y cumpleaños de sus familiares más cercanos, inclusive pareja e hijos. No cumplen con sus compromisos laborales, y tampoco reconocen errores y falencias, aunque sí ven y señalan los errores y falencias de los demás.

Las personas que quedaron atrapadas en la caja niño califican a las personas como buenas o malas. No diferencian entre la persona y sus actos, no dicen «tomó una decisión equivocada», sino «esa persona es mala». La rigidez los hace pensar que todo es inmutable, y su pensamiento mágico les hace creer que los demás deben percibir qué necesitan y solucionar sus necesidades. Castigan con el silencio, con miradas de hielo y su indiferencia fingida.

A ellos, las cosas les pasan. Sienten una nube negra que flota sobre sus cabezas, imaginan en primera instancia situaciones catastróficas que, por supuesto, no suceden. Adoran el drama. Se enojan rápido, tienen poca capacidad de espera y de resistencia a la frustración.

En esta caja hay rigidez y victimismo, y, por supuesto, se encuentra en pasado. Abunda el no por el no como forma de ejercer poder y doblegar, aunque esa postura le perjudique. «Si no es para mí, tampoco será para ti» es otro de sus eslóganes.

Las personas de la caja niño creen que han venido a la vida para hacer felices a sus padres, inmersos en su amor ciego; no pueden estar en su lugar de hijos, ya que se colocan detrás de sus padres, en el lugar de sus abuelos, amigos de sus hijos, competidores de sus colegas y hermanos, rivales de las personas de su mismo sexo, más sabios que sus jefes y maestros, a quienes ven y califican como incompetentes.

 *Ejercicio*

Revisemos nuestra caja niño:

- ¿En qué momentos afloran estas características en ti?
- ¿Quiénes dirías que «gatillan» estos estados de ánimo?
- En estos casos, ¿te das cuenta de que eres tú quien reacciona y acciona en consecuencia, y quizá la otra per-

sona ni siquiera percibe tu malestar hasta que haces o dices algo?

- ¿Hablas sobre tus percepciones con otras personas? ¿Con quiénes? ¿Qué haces luego? ¿Recapacitas, hablas, tratas de resolver la situación?, ¿o te encierras en un mutismo esperando que todo se olvide?

Por más adultos que podamos sentirnos y con el trabajo personal que llevemos realizado, es posible que, sin importar la edad que tengamos, ante una situación cualquiera y sin previo aviso, irrumpe en una actitud o una contestación el niño que vive en nosotros y nos hace reaccionar de una manera errónea.

Mantenernos en el presente, con ayuda de la atención a nuestra respiración, nos mantendrá en el espacio del darnos cuenta de nuestra actitud y encontraremos las herramientas internas para resolver adecuadamente la situación de que se trate.

Por otra parte, es bueno recordarnos que la caja niño conserva contenidos positivos, como la creatividad, la curiosidad, el deseo de explorar y de conocer, la necesidad de experimentar, tocar y sentir. Y esa intensidad de los primeros descubrimientos puede repetirse cada vez que la persona contacta con algo nuevo.

Si la parte niño que todos tenemos no está sana y solo ve lo difícil y negativo, y recuerda episodios traumáticos y está desbordante de creencias limitantes y conflictos irresueltos, aparecerán las proyecciones, el mal humor, los berrinches y la confrontación con figuras de autoridad.

Ejercicio

Sal a caminar, o visita un restaurante o una cafetería donde haya gente. Observa a las personas, fíjate en alguien que tenga algún comportamiento o algo corporal que te guste, mira discretamente. Una vez que lo logras, busca ahora algo que tenga o diga alguien que no te guste.

Ambas cosas no son de la persona o las personas que observaste, son tuyas. Si no están en tu interior, no las verás proyectadas en otros. Presta atención a tus comentarios, no hablan, casi seguro —salvo que se trate de alguien universalmente malvado o bueno— de esas personas, sino de tus características.

Caja adulto

El logro de revisarnos, trascender creencias limitantes y resolver conflictos irresueltos.

¿A qué vinimos a la vida?

Sería recomendable dejar de leer en este momento y reflexionar, hacer una lista con una o varias respuestas. ¿Te animas?

La mayoría de las personas dirán «Para hacer felices a mis padres». Esta es una respuesta equivocada, es la respuesta de un niño (aunque la persona tenga sesenta años). La respuesta correcta es «Para permitir que mis padres me hagan feliz».

Cuando deseo hacer felices a mis padres, estoy en lo que se denomina «amor ciego». No me encuentro en mi lugar como hijo, estoy ocupando el lugar de un abuelo, o de ambos.

La consecuencia del amor ciego es el fracaso, ya que mis padres no me ven. Gozarán de mi asistencia, cuidados, amor; sin embargo, ellos no me lo pueden dar, ya que no me encuentro en mi lugar de hijo o hija.

Cuando estoy en mi lugar, en el rol de adulto, reconozco lo que es y también lo que no es o pudo haber sido, y con esta comprensión se pueden comenzar a mirar los dolores y sufrimientos que esto último produce...

Una persona que se encuentra en adulto ha revisado y hecho consciente el origen de su sufrimiento y su dolor, ha tomado de sus padres todo lo que ellos le dieron, comenzando por la vida, y tiene para ellos, los haya conocido o no, un lugar en su corazón.

No siempre, como dijimos antes, los padres se encuentran presentes, y a veces ocurre un movimiento amoroso interrumpido, hemos tenido un apego no seguro o preferimos quedarnos en alguna etapa del duelo o dentro del triángulo dramático...

Cuando los hijos que se consideran adultos —y no me refiero a ser mayor de edad, sino que reconocen y agradecen a sus padres con lo bueno y lo difícil— no necesitan dejarse tomar por el amor ciego y transformarse en padres de sus padres, son hijos. Aun si sus padres son mayores y se encuentran enfermos, conservan su lugar de hijos: les preguntan a sus padres qué necesitan y evalúan si lo pueden realizar. Se encuentran en el ámbito del amor claro o amor que ve, respetan las leyes para la vida que enunció Hellinger: pertenencia, jerarquía y equilibrio.

Cuando un participante en un taller consulta acerca de la relación con sus padres y dice: «Ahora soy padre de mis padres», ese comentario, junto con el sentimiento del hijo, no podría ser más doloroso y dañino para la relación.

Siempre seremos hijos, y al respetar el lugar de nuestros padres, ellos crecen ante nuestros ojos y también nos hacemos fuertes y podemos seguir tomando de sus enseñanzas mientras vivan y aun después.

Cuando las personas que están en modo adulto se encuentran con otro, lo ven como su igual, lo miran a los ojos, escuchan empáticamente, ofrecen recomendaciones cuando estas son solicitadas y no dan consejos. Su lema es «Si te sirve, lo tomas; si no, lo dejas pasar». Se preguntan qué quieren y cómo, saben decir «sí» porque primero vieron la fuerza que tiene decir «no». Son selectivos en sus decisiones.

Estas personas confían en el universo, porque saben que todo lo que necesiten experimentar les será mostrado. A través de la auto-observación, podrán detectar las oportunidades y tomarlas. Saben planificar y organizan sus metas:

- Escriben los pasos que darán para lograrlas y, si es necesario, rectifican su plan.
- Confían en su instinto y criterio, y saben rodearse de personas que se encuentran en la frecuencia adulto para compartir, amplificar y obtener *feedback*.
- Por otra parte, no se conforman con hacer las cosas de manera regular. Anhelan la excelencia y trabajan para acercarse a ella.
- Hablan un lenguaje acorde a su interlocutor. Son coherentes, hacen lo que dicen, y su coherencia estriba en que sus pensamientos, actitudes y conductas están alineados. Hacen fácil lo difícil. Tienen una excelente relación con sus padres y se llevan bien con sus hermanos.
- Saben y confían, porque les han dicho desde niños, y si eso no ocurrió, ahora se lo dicen a sí mismos, que pueden lograr lo que se propongan.
- Realizan trabajos o tienen profesiones que los desafían y estimulan.
- Son creativos, saben que las cosas difíciles no necesitan ser solemnes.
- Se tratan compasivamente, no se critican.
- Saben decir «lo siento» desde su corazón.
- Se encuentran al servicio de la vida y son respetuosos de su destino y del de los demás.
- No son conformistas, sino que se saben adaptar a las circunstancias.

- Cuando estas personas no saben algo, sencillamente dicen: «No lo sé, investigaré».
- Estudian cada día acerca de los temas que les interesan. Diferencian entre curar y sanar; saben que los médicos y psiquiatras curan a través de medicinas, y que sanar tiene que ver con su autorresponsabilidad y su trabajo espiritual.
- Les gusta soñar e imaginar nuevos proyectos, y ponen su energía en lograr lo que se proponen.
- Leen, se dan tiempo para disfrutar y tienen uno o varios pasatiempos que despiertan su creatividad.
- No necesitan llenar el silencio con palabras.
- Un ser en modo adulto no tomará decisiones por otros, se encuentra fuera del triángulo dramático. Preguntan qué desea el otro y evalúan si pueden hacer o dar algo, o no.
- Sostienen sus metas en el tiempo.
- Cuando algo no funciona como quieren, se replantean sus estrategias y continúan avanzando.
- No se toman las observaciones como críticas personales.
- Saben separar a las personas de sus conductas.
- Su actitud tiende a la reconciliación, y de esa manera disfrutan la paz.
- Son curiosos y tienen ganas de aprender, haciendo foco en sus proyectos.
- Cuidan su salud y prestan atención a las señales de su cuerpo. Perciben cambios corporales sutiles. Rara vez enferman.

¿A qué llevará a la persona a realizar el trabajo que proponemos? A que ella o él permanezcan centrados, empoderados, reflexivos, generosos, gratos, asertivos y responsables.

¿Dónde me encuentro cuando estoy en adulto? En el presente. Elijo estar en el presente, vivir, disfrutar, hacer que las cosas pasen, sentir amor y paz en el corazón.

En el presente, me conecto con el aquí y ahora, con las emociones que llamamos «primarias». Mis sentimientos son amorosos y puedo desarrollar comprensiones espontáneas, en contacto con lo que es, y desde este lugar puedo crear mi realidad: una nueva, diferente, la que elija. En el presente, conectada con mi respiración, visualizaré mis metas, me veré en ellas, comprendiendo que, si puedo imaginar, lo puedo lograr.

¿Y cuáles son las emociones secundarias? Las que me llevan una y otra vez al pasado, comparando lo que me ocurre ahora con esta persona, con otro momento en el que me sentí y percibí igual que ahora, pero cuando era niña o interactué con otro. Entonces, ¿a quién veo ahora? A alguien del pasado con quien no resolví adecuadamente un asunto.

Cuando estoy en una emoción secundaria, me cuesta comprender qué ocurre conmigo y con el otro, o la misma circunstancia que me ocasionó dolor ahora vuelve a repetirse y, en lugar de resolverla de una forma diferente, vuelvo una y otra vez a repetir un patrón de comportamiento que en ese momento me hizo infeliz y no funcionó, y ahora ocurre lo mismo.

Es por esto que, si comprendemos, si nos anclamos a nuestra respiración y somos conscientes de cómo entra y sale el aire, no solo nos aquietaremos de turbulencias mentales, lograremos frenar y disipar los pensamientos, sino que nos instalaremos con la práctica cada vez más en el presente, y desde allí podremos resolver y relacionarnos de una manera diferente.

Ejercicio

Reflexión ante cualquier situación:

- ¿Qué debo aprender de esto ahora?
- ¿Qué actitud mía provocó este conflicto?
- ¿Hay algo aquí que me hace sentir atacada/o?
- ¿Puedo hablarlo? ¿Tiene que ver con mi historia?
- ¿Qué propongo?
- ¿Evalúo lo que la otra persona me propone?

- ¿Cuál es la solución a este conflicto?
- ¿Desde qué lugar me comunico? ¿Desde un lugar asertivo?, ¿o espero que me interpreten o comprendan?
- ¿Cómo interactúo con los demás? ¿Estoy presente o, mientras mi interlocutor me habla, pienso en otras cosas?
- ¿Cuáles son las pautas que aprendí de niño/a? ¿Debo solucionar los problemas de los demás, o puedo permanecer escuchando su relato?
- ¿Necesito rodearme de personas, o puedo permanecer en silencio?
- Las circunstancias y padres me moldearon, ¿son cambiables estas formas de actuar, de procesar, de resolver? ¿Qué siento? ¿Qué pienso? ¿Qué creo? ¿Qué imagino?

En conclusión

Los contenidos de la caja padre, niño y adulto interactúan con emociones y sentimientos. La pregunta es en qué caja vivo actualmente. ¿Estoy conforme? Si lo estoy, no hay nada que mirar o resolver; si no lo estoy, realizo un trabajo personal para estar cada vez más cerca de la caja adulto.

Hay contenidos maravillosos en la caja padre si somos capaces de diferenciar cuáles nos sirven en un determinado momento. No me cansaré de evaluar el contexto y dejaré de lado con amor los que no cumplen esa función.

Un aspecto positivo de la caja niño es, por ejemplo, la asertividad en el «no», que prende nuestras alarmas y señales de peligro y nos lleva a replantearnos posibilidades y metas.

De la caja adulto se desprende la capacidad de ver, de elegir y de sentirnos libres de hacer las cosas de una forma diferente. No porque lo anterior haya estado mal, sino porque ha surgido una necesidad diferente.

Ser adulto también es darse permiso para decir «hasta aquí llego, no quiero más». Lo que significa, por ejemplo, soltar una relación sin resentimientos, reconociendo el aprendizaje.

SEGUNDA PARTE

Filosofía para la vida. Bert Hellinger y las constelaciones familiares

El psicoterapeuta alemán Bert Hellinger[1] es quien creó la filosofía para la vida como se la conoce hoy en día, y una metodología para esta que denominó «constelaciones familiares y sistémicas».

Nació en una familia católica, en Alemania, en 1925. Vivió en la Alemania nazi durante su infancia y juventud, fue soldado y conoció la guerra en el frente y como prisionero en un campo de concentración en Bélgica. Después de escaparse del campo, volvió a Alemania. Hellinger ingresó en una orden religiosa católica y fue sacerdote. Estudió Filosofía, Pedagogía y Teología en la Universidad de Würzburg, como parte de sus estudios hacia el sacerdocio. A principios de los años cincuenta, fue enviado a Sudáfrica, donde se le encomendó la tarea misionera con los zulúes. Allí siguió sus estudios en la Universidad de Pietermaritzburg y la Universidad de Sudáfrica.

Hellinger vivió dieciséis años en Sudáfrica. Durante esos años, sirvió como sacerdote de parroquia, profesor y, finalmente, como el director de una escuela para estudiantes africanos; también tuvo responsabilidades administrativas en el distrito diocesano entero, que contenía 150 escuelas. Aprendió la lengua zulú con fluidez, participó en sus rituales, lo que le permitió tener una visión particular.

---

1   Anton Hellinger: 16 de diciembre de 1925, Leimen, Baden-19 de septiembre de 2019, Bischofwiesen, Alemania.

Su participación en una serie de formaciones interraciales ecuménicas, en la dinámica de grupo conducida por el clero anglicano en Sudáfrica a principios de los años sesenta, supuso el primer paso para su salida del clero católico. El comienzo de su interés por la fenomenología coincidió con la disolución de sus votos al clero.

Después de abandonar al clero, conoció a su primera esposa, Herta, y se casó al poco tiempo de la vuelta a Alemania. Empleó varios años, a principios de los setenta, en su formación —en Viena—, en un curso clásico en psicoanálisis en la Asociación Vienesa para la Psicología Profunda.

Completó su formación en el Instituto de Formación Psicoanalítica de Múnich y fue aceptado como miembro practicante de su asociación profesional.

En 1973, dejó Alemania por segunda vez y viajó a los EE. UU. para seguir su formación con la terapia primal de Arthur Janov, en California. A través de la dinámica de grupos, la terapia primal, el análisis transaccional y diversos métodos de hipnoterapia, llegó a desarrollar su propia forma de realizar las constelaciones familiares.

Este método es, hoy día, respetado y reconocido en todo el mundo y aplicado en diferentes campos. Por ejemplo, en la psicoterapia, en los servicios de asesoría y *coaching* dirigidos a las empresas y organizaciones, en la medicina, en la consulta de psicología y la orientación pedagógica, en el campo jurídico, es decir, en la cura del alma en el sentido más amplio.

Llegando a la edad de setenta, no había entrenado a estudiantes que pudieran continuar su método, situación que cambió en el año 2008 al crear junto con su segunda esposa, Marie Sophie, la Hellinger Sciencia.

A principios de 1990, aceptó que el psiquiatra alemán Gunthard Weber registrara y corrigiera una serie de transcripciones de sus talleres. Weber publicó el libro él mismo en 1993, bajo el título *Zweierlei Gliick* —«dos tipos de felicidad»—, el que se conoce en su traducción al español como *Felicidad dual*. Durante los siguientes años, Bert Hellinger escribió como autor o coautor alrededor de sesenta y cuatro libros, traducidos a veinticinco idiomas.

La visión de la terapia sistémica es una visión del tiempo circular, en la que el pasado, el presente y el futuro se afectan mutuamente.

Este tiempo circular se nos manifiesta con imágenes.

Nacemos en una familia determinada, y cada familia tiene mitos, secretos, imágenes de lo que es bueno, malo, aceptado, prohibido, correcto, incorrecto.

Algunas de estas imágenes están distorsionadas o incompletas, e impiden encontrar recursos para pasar a la etapa siguiente.

Una de las consecuencias del uso de las constelaciones o configuraciones sistémicas, como las denomino actualmente, como herramienta, como filosofía para la vida, es el aprendizaje que permite que nos despidamos de las imágenes interiores que nos impiden reconocer en nosotros lo que realmente necesitamos, cuáles son nuestros verdaderos deseos, a quiénes excluimos por ser diferentes y no ajustarse al modelo de familia que tenemos internalizado.

Los secretos en la familia producen enredos, lealtades invisibles, malestar, confusión, exclusión, y se transmiten de generación en generación; los secretos que más peso tienen son aquellos que causan vergüenza o dolor, y sus consecuencias muchas veces son enfermedades psicosomáticas, se presentan síntomas de enfermedades inespecíficas (dolores, dificultades para concentrarse o dormir, rechazo a ciertos alimentos), sentimientos de inadecuación, impotencia, autoboicot, fracasos, duelos no resueltos, problemas de relación, dificultades de aprendizaje o laborales.

Los secretos se refieren siempre a alguno de estos temas, o a varios de ellos: vida, muerte, sexo, dinero.

Los secretos, enredos, exclusiones, estilos de comunicación se harán visibles, y la solución surgirá a través del trabajo personal.

Cuando un niño nace, lleva consigo las cuestiones no resueltas de sus antepasados, por línea materna y paterna, los haya conocido o no.

Bert Hellinger percibió que existen leyes arcaicas y universales que rigen todos los sistemas humanos y una conciencia común que cuida de todos los miembros que pertenecen a él, no permitiendo exclusiones de ninguno de ellos.

LEYES PARA LA VIDA

Estas leyes arcaicas, órdenes del amor o leyes para la vida, según Hellinger, son tres: pertenencia, jerarquía en el tiempo y equilibrio entre tomar y dar.

Al inicio de su trabajo, dado que Hellinger se reunía con terapeutas y médicos, se pensó que su propuesta, con el tiempo, conformaría una nueva corriente en psicología; más tarde, cuando su enfoque fue conocido en todo el mundo, y el mismo Hellinger fue enunciando los principios que rigen su desarrollo, se vio a las constelaciones como una filosofía para la vida.

Cualquier persona puede aplicar estos principios para tener una vida llevadera y más sana. Sin embargo, no cualquier persona puede constelar o configurar sistémicamente a otra. Para poder realizar una configuración es necesario capacitarse, prepararse, supervisar y mantenerse actualizado.

Cuando los principios enunciados por Bert Hellinger son aplicados por psicólogos, psiquiatras y médicos, estamos hablando de intervenciones dentro de un marco terapéutico; sin embargo, si bien las constelaciones son intervenciones terapéuticas, no son una terapia. No se pueden configurar dinámicas cada semana, como cuando se asiste a la consulta psicológica; es necesario dar al alma del consultante un tiempo para que la nueva imagen que resulta de su trabajo con el facilitador comience a producir sus efectos.

Algo que a lo largo de estos años ha llamado mi atención es que a veces las personas que consultan dicen que tienen varios temas que trabajar. Cuando les pregunto cuáles son, todos tienen que ver con lo mismo, con un tema nuclear que hace sombra o vincula a los demás. Por ejemplo, una mujer no puede quedar embarazada y quiere, además, trabajar su relación de pareja y la relación con su madre; entonces la pregunta obvia es: ¿tiene pareja? Y su respuesta es, por supuesto, no.

¿Cómo alguien puede trabajar la relación de pareja si no la tiene? Y si no tiene pareja y tampoco aspira a una inseminación artificial, es muy improbable que se embarace, y si tiene una relación difícil con su madre, es poco probable que tenga una pareja. Una cosa lleva a la otra y, en ocasiones, las personas insisten en comenzar a construir su casa desde el techo, y no desde los cimientos. ¿Qué es crucial aquí? La relación con su madre, y no digo la relación de su madre con ella, sino la de ella con su madre.

Otro ejemplo, una mujer joven odia a su madre y a su padre. Los padres se encuentran separados, ella depende económicamente de su madre y, si bien estudió una carrera universitaria, según expresa, su deseo es hacerles pagar a sus padres lo que ella vive como abandono, se embaraza de un hombre que apenas conoce y comienza a exigirle que se ocupe de ella y la satisfaga en todos sus caprichos. La criatura nace y el hombre la abandona, y ella sigue viviendo a expensas de su madre, aduciendo que debe criar un bebé y no puede trabajar. Si miramos de cerca el caso, podremos ver un padre ausente que se fue a vivir muy lejos y que nunca se hizo cargo de ella, y su madre, siempre a su lado, con el amor incondicional que es posible ver cada vez que un caso como este aparece. La hija manifiesta que nadie la ayuda y que se encuentra sola en el mundo, y transmite ese dolor a su bebé, el que no se está desarrollando como debiera para su edad. No acepta ningún tipo de comentario o recomendación que la saque de su enojo y resentimiento.

Llegado el momento, y por pedido de amigos y familia, llega a un taller. Ante sus ojos se despliega todo su sistema familiar: se ve el amor de su madre, el abandono del padre, y la pareja que escogió es para darle a su hijo lo mismo que ella recibió, y repetir su historia: abandono paterno. «Nadie me quiere, todo me sale mal, todos me excluyen», esas son sus palabras.

Cuando vivimos en el resentimiento y alguien nos muestra otro camino, es posible que el miedo a dejar de ser una víctima sea tan abrumador que se elija permanecer en ese estado, hasta que algo, no sabemos qué, puede provocar esa movilización, saque a la persona de ese estado de arrogancia y la torne humilde y agradecida. Al despedirse del taller, me dijo: «Te odio». Suspiré con alivio, es preferible que me odie a mí, facilitadora, y no a su madre. Ese fue un atisbo pequeño de un posible cambio a futuro.

Las constelaciones, según Bert Hellinger, se encuadran dentro de la modalidad de terapia breve y dentro de la psicología transpersonal.

Las terapias breves se caracterizan porque buscan descubrir lo esencial a partir de la mirada de la totalidad, apuntan al objetivo, al centro, a lo profundo. Hellinger tiene un enfoque teórico nuevo, integrador de las terapias que conoció en su formación como terapeuta, y a su vez se encuentra teñido por las costumbres y aprendizajes que tuvo en África durante el tiempo que vivió allí.

Así como las estrellas en el firmamento, si las unimos con líneas imaginarias, conforman figuras que denominamos constelaciones, también podemos observar a los miembros de un sistema familiar, por ejemplo, dentro de un campo de conocimiento y unirlos con líneas imaginarias que denominamos «dinámicas».

Estas dinámicas que se observan en los sistemas no son originales ni únicas, repetimos una y otra vez situaciones traumáticas, de exclusión, que muchas veces no nos pertenecen, sino que las llevamos como parte de la carga genética que hemos recibido de nuestros padres y ancestros. Algunas de estas dinámicas tienen la particularidad de producir en alguien del sistema —por lo general, alguien joven, vulnerable y sensible— un síntoma o una enfermedad, un desorden, como lo llama Hellinger, y también producir repeticiones inconscientes de situaciones.

Las constelaciones, según Hellinger, han añadido una dimensión espiritual al trabajo psicoterapéutico. Permiten ver qué hay más allá de la superficie del fenómeno real. Muestra lo que está sucediendo en este momento en todo su contexto y su significado. Pone de manifiesto aquello que no estaba a la luz en la superficie, lo trascendente y oculto, y la solución abarca a quien consulta y, en muchos casos, a su familia.

Las configuraciones sistémicas pueden permitirnos hacer un diagnóstico de situación a través de una imagen que se encuentra desordenada o incompleta en el inconsciente, y realizar una intervención. Esta intervención se lleva a cabo siguiendo los principios espirituales que Hellinger denomina «órdenes del amor» o «leyes para la vida».

El amor es aquello que se observa detrás de todo comportamiento humano. Cuando ese amor trae aparejados conflictos, síntomas de enfermedades inespecíficas (como pueden ser síntomas de varias enfermedades, pero ninguna de ellas en particular), enfermedades con diagnóstico concreto, desorden, se denomina «amor ciego».

Mediante el trabajo con constelaciones o configuraciones sistémicas podemos observar, juntamente con el consultante, qué es aquello que une o separa. Que une o separa al consultante de su sistema familiar o de alguien que pertenece a este y no es tenido en cuenta.

Con respecto a los órdenes del amor o leyes para la vida, diremos brevemente que expresan lo siguiente:

- Pertenencia.
- Jerarquía en el tiempo.
- Equilibrio entre tomar y dar.

Pertenencia

Nadie puede ser excluido de un sistema, todos tenemos el mismo derecho a pertenecer. El sistema no admite exclusiones. Quien es excluido en una generación, en la siguiente, será representado por alguien nacido más tarde, quien se impondrá vivir un destino igual al del excluido.

Los excluidos, hasta que son reconocidos e integrados, ocasionan desórdenes en los sistemas, tales como conflictos, síntomas psicológicos, afecciones físicas y enfermedades con diagnóstico concreto.

Por ejemplo, un miembro de la familia ha muerto tempranamente, o fue abortado de forma espontánea o provocada. Este suceso tiene un enorme efecto sobre el conjunto del sistema familiar. Uno de los hermanos puede sentir una inexplicable inclinación a morir debido a su relación con él, o más, si esta muerte se trata de un secreto. Inconscientemente, dice: «Si te fuiste pronto de la vida, entonces a mí, que me quedo, que me vaya mal», o con la dinámica «Yo te sigo».

Si alguien está inmerso en esta imagen distorsionada, y luego tiene hijos, es probable, dado que los hijos siempre queremos resolver las cosas para nuestros padres, que muestren la dinámica «Mejor yo que tú» o «Me voy en tu lugar». Esta inclinación para morir se manifiesta a través de enfermedades o comportamientos peligrosos, como participar en deportes de riesgo, consumo de sustancias o relaciones violentas.

- Una mujer padece violencia familiar de parte de su esposo y, en lugar de rebelarse y alejarse, permanece en la casa sin resolver la situación. Más tarde, una hija de la pareja expresará a su marido un enojo desmesurado ante cualquier actitud de él, mostrándose que la hija está teniendo, con relación a su marido, sentimientos que no le pertenecen y que llamamos «adoptados»: son los sentimientos no expresados de su madre hacia su padre.

- Una mujer ansía fervientemente tener un hijo. Ella y su pareja han realizado estudios complejos y no hay diagnóstico médico que impida que se embarace. Al trabajar en su constelación, observamos que su abuela materna murió en el parto. De esta abuela no se habla, y del hijo que sobrevivió en la familia, tampoco. Cuando, en la constelación, esta abuela es integrada junto con su hijo a la imagen interna de la consultante, un alivio muy grande es el que ella experimenta y, algunos pocos meses más tarde, llega la feliz noticia de que se encuentra embarazada.

- Una pareja sana ha intentado sin éxito durante varios años tener hijos. Durante la constelación, se observa que la madre de la consultante fue una madre soltera, ya que la abuela de la consultante le había dicho: «Puedes quedarte con la niña, pero no con su padre; uno u otro», y esta situación, que fue vivida como una tragedia en la familia, generó en la nieta el mandato oculto de tener que elegir entre tener pareja o ser madre. Cuando percibió que no era necesario elegir, sino que podría ser mujer al lado de su pareja, y ambos, padres, y que eran bien vistos por el sistema familiar de los dos, se embarazó.

- Una mujer, que ha tenido dos bisabuelas que murieron en el parto de su segundo hijo, se casa y se embaraza. Su marido, quien jamás pensó en tener hijos y no acepta el embarazo, la somete a una violencia psicológica tal que pone en peligro su vida y debe ser hospitalizada. En el quinto mes de embarazo, pierde al niño por nacer y ella se salva. Se divorcia. Posteriormente, adopta dos niños y no vuelve a casarse, se queda sola —como sus bisabuelas— criando a un niño y una niña. Por su parte, quien ha sido su esposo se vuelve a casar inmediatamente con una mujer muy mayor y de esa forma él se asegura de que no tendrá descendencia.

- Una mujer consulta por su cáncer de tiroides. Durante la sesión, una y otra vez acaricia su garganta y, en lugar de hablar, permanece en silencio. Al preguntarle si eso también le pasa en su familia, expresa que es la única que queda viva, que no se ha casado y que no tiene hijos. Al preguntar un poco más acerca de su decisión de no tener hijos, expresa que su abuela siempre decía que lo mejor era no tenerlos, sin embargo, ella tuvo ocho, y al parecer la madre de la consultante tampoco hizo caso de su madre, ya que tuvo cinco hijos. ¿Por qué razón, entonces, la consultante no los quiso? Después de una sesión que fue extensa, dijo que su abuelo había muerto antes de nacer su octavo hijo, y que su padre falleció luego de que su madre diera a luz a su quinto hijo; entonces la razón oculta para no tener hijos era el miedo a perder a su pareja. Sus decisiones de vida fueron sumiéndola en una gran desesperación; no poder hablar, contar, trasmitir hicieron que su salud se resintiera. Conversando con mi consultante acerca del material de este libro y de las creencias limitantes, llegamos a la conclusión de que ella no se sentía merecedora de una familia propia, que si daba el paso hacia una pareja, seguramente sufriría una pérdida tal como su abuela y su madre. ¿Es posible que estas puedan ser las causas emocionales de su patología? Dar vida no es solamente engendrar y criar una criatura. Dar vida es dar amor en cada cosa que realizamos, en cada intervención y relación que tenemos con otras personas y con nosotros mismos. A esta conclusión llegamos juntas en la sesión. Confío en su cambio, en su transformación.

Jerarquía en el tiempo

El que llega primero a la vida tiene prioridad sobre el que llega después. Los padres están antes que los hijos en esas imágenes internas de las que hablamos. Primero, el hombre; luego, la mujer como pareja, y luego, los hijos en orden de nacimiento. Es muy común que el hijo menor ocupe el lugar del mayor cuando se inicia una configuración, e igual de común es ver que siempre que hay conflictos familiares es porque las relaciones no prestan atención al orden de llegada a la vida. El amor del hijo, a menudo, hace que se viole esa ley de orden, pretendiendo en su imagen interna ocupar el lugar de padre de sus padres o de hermano mayor, siendo el menor.

También se observa, en el trabajo con constelaciones, ya sea en sesión individual o en taller, que muchas veces hijos o hijas con padres mayores tienden a colocarse en el lugar de padres de sus padres, provocando no solamente un desorden, sino un enojo muy grande.

Los padres, por muy mayores que sean, no pueden ser tratados como niños, deben ser consultados y respetarse sus decisiones. La función del hijo en estos casos es acompañar a los padres y estar disponibles para lo que sea necesario hacer desde su lugar de hijos. De esta manera, los padres no pierden su dignidad, los hijos se sienten libres y el sistema familiar se armoniza.

Equilibrio entre tomar y dar

Este equilibrio que se transforma en un desequilibrio cuando los padres dan la vida y los hijos la reciben, ya que resulta imposible para los hijos devolver aquello tan valioso que se ha recibido, es uno de los aspectos donde más dificultades se observan en este trabajo y del que hablaremos más adelante.

Luego observamos el equilibrio entre lo transgeneracional y lo intergeneracional.

En el espacio intergeneracional es donde este principio puede encontrar equilibrio, aunque por lo general no se produce. Este espacio lo compartimos con nuestros hermanos y hermanas, aun los no nacidos, pareja actual, parejas anteriores, amigos, compañeros de trabajo, de estudio, colegas.

Cuando hablamos de lo transgeneracional, colocamos en esa línea ancestros, bisabuelos, abuelos, padres e hijos.

Asimismo, introducimos otro elemento, la consciencia. La consciencia tiene una función de base: unirnos a nuestra familia. Tenemos buena consciencia cuando hacemos algo que nos acerca más a ella, y mala consciencia cuando nos alejamos de la familia; y lo llamamos bien y mal, y solo significa lo que es bueno para unirme más a la familia, y lo que es el mal es lo que separa de la familia.

Cada familia es distinta y cada familia tiene criterios distintos del bien y del mal. A esto se denominó, en la filosofía hellingeriana, «buena y mala consciencia».

LA BUENA Y LA MALA CONSCIENCIA

Vivir en la buena consciencia nos lleva a rigidizarnos. A permanecer en un pasado remoto. Hay una gran cantidad de grabaciones e improntas de acontecimientos nunca discutidos o impuestos durante los primeros cinco años de vida; también en un tiempo previo a nuestro nacimiento y antes del ingreso a la escuela.

En definitiva, todo lo que el niño ve hacer y escucha decir a sus padres y figuras importantes de su vida, como abuelos, tíos, maestros, queda grabado sin modificaciones.

En estas grabaciones figuran millones de «No hagas eso», las expresiones de pena, enojo, placer, orgullo de los padres ante actitudes de los hijos, y más tarde habrá otras reglas más elaboradas, como «En esta casa no se dicen mentiras», «No eres bueno porque no comes toda la comida servida».

Estas manifestaciones o reglas, tanto si son comprendidas o no, quedan grabadas como verdades en el niño. Se trata de una grabación permanente, lista para ser reproducida durante toda la vida, y ejercerá una poderosa influencia a lo largo de los años, puesto que se interioriza rígidamente como un conjunto de datos esenciales para la supervivencia.

«Si no obedezco y respondo a las normas, puedo morir»; ese es el pensamiento del niño.

Con nuestro padre y nuestra madre sabemos que tenemos una buena y una mala consciencia distintas. Es como el sentido del equilibrio, enseguida tenemos que rectificar algo para sentirnos mejor y más cerca de ellos.

Cuando la familia excluye a alguien, todos los que vienen después tienen que excluir a esa persona; si no, se sienten con mala consciencia.

Esa consciencia nos obliga a excluir a los que la familia ha excluido. El que tiene buena consciencia y la mantiene hace algo contra el amor para mantenerse en una pertenencia.

Si bajo la influencia de nuestra consciencia personal excluimos a alguien, se activa la consciencia colectiva y trata de completar nuevamente a ese grupo. Entonces, más adelante, alguien reemplaza al excluido y tendrá que llevar una vida ajena.

La persona que vive en la buena consciencia no toma decisiones por sí misma, se adhiere a las decisiones que alguna vez tomó el clan al que pertenece, no analiza los mandatos, preceptos, frases, y aunque no coincidan con los dichos y actos de los padres o hayan perdido vigencia, los acepta y los repite.

Muchas veces los padres dicen «No mientas», y ellos mienten. Esto confunde al niño, entonces la grabación es dejada de lado y no es reproducida, incluso se bloquea la consigna o el mandato. Asimismo, cuando un niño observa una pelea entre sus padres o entre miembros de la familia, por ejemplo, y aquel que representa al «bueno» come para aliviarse ante el conflicto, aprenderá desde temprano a consolarse comiendo ante emociones angustiantes o difíciles.

Si el hijo vivencia a uno de los padres como «malo» y al otro como «bueno», en la adultez puede sentir ambivalencia o discordancia, y este conflicto interior puede llevarlo a la desesperación. Esto les ocurre a las personas que no son lo suficientemente libres como para examinar de manera crítica la buena consciencia familiar.

La buena consciencia nos hace percibirnos buenos, y a todas las personas que piensan o actúan diferente a como lo hacemos nosotros los percibimos como malos.

La buena consciencia familiar es un contenedor repleto de pasado, de experiencias difíciles, de victimismo, de resignación; pero también de agradecimiento, de lealtades y de experiencias de resiliencia, heredadas de todas las mujeres y los hombres que nos precedieron y que pertenecen a nuestro clan. Cada uno de nosotros somos cientos.

Estos mandatos de la buena consciencia no están hechos para romperse, sino para ser reconocidos, honrados, valorados y seguidos en la medida en que nos sirven. Estas experiencias de mis ancestros las puedo vivenciar como una carga o un beneficio para nuestro presente, y eso depende de la capacidad que me da el haberme transformado o no en un ser adulto.

En nuestro trabajo, los excluidos son nuevamente integrados. También valen estos conceptos para empresas, sobre todo familiares. Cuando, por ejemplo, se ha obtenido dinero a costa de otro y no se le ha reconocido, o cuando a un yerno se le incluye como hijo, es un desorden. También en la profesión de abogada, por ejemplo, si utilizo esta solo para generar dinero y enriquecerme, lo más seguro es que funcione por un tiempo, pero no a la larga. En cambio, cuando pongo mi profesión al servicio de los que requieren de mis conocimientos, el éxito está asegurado. La consciencia moral es el mayor obstáculo para acercarse al movimiento del espíritu.

La consciencia moral es la que determina buenos y malos, lo justo e injusto, la verdad y la mentira, quién merece y quién no.

Y eso muestra que también el facilitador tiene que dejar atrás esa consciencia. De esta forma, lo que es esencial en el trabajo se puede mostrar.

Hellinger decía: «Lo esencial emerge de lo oculto».

Todas estas ideas se combinan de una manera que hace del trabajo de Hellinger un enfoque único. Se trata de un proceso fenomenológico. El trabajo es nuevo cada vez; aunque dos personas deseen trabajar un mismo tema y sorprendente en sus efectos sobre los participantes en una configuración y la manera en que ayuda a mover todo el sistema hacia la integridad, los consultantes y participantes se manifiestan profundamente conmovidos.

Dado que las dinámicas que se observan en las configuraciones sistémicas son comunes a todos los sistemas (familiar, organizacional, laboral, educativo y jurídico), las personas que participan, representan o realizan su configuración como consultantes pueden recibir el flujo reparador y sanador de este trabajo, incluido el facilitador.

En uno de sus textos, Hellinger expresa con relación a los procesos de entendimiento científico y fenomenológico:

> Hay dos movimientos que llevan a la comprensión. Uno de ellos se despliega e intenta asir lo que hasta entonces era desconocido hasta apoderarse de ello y tenerlo a su disposición. Así procede la ciencia, y sabemos hasta qué punto ha transformado nuestro mundo y nuestra vida, volviéndola más segura y rica.

El segundo movimiento se da si nos detenemos en medio del intento de desplegarnos y fijamos la mirada, ya no en un objetivo concebible, sino en un todo. De manera que la mirada está dispuesta a incluir, al mismo tiempo, toda la pluralidad de lo que se despliega ante ella. Si nos entregamos a ese movimiento —por ejemplo, ante un paisaje, una tarea, un problema—, reconocemos que nuestra mirada se torna al mismo tiempo plena y vacía. Exponerse a la totalidad y sostenerla solo se logra renunciando antes a lo particular. Para ello, nos detenemos en el movimiento de expansión y nos retiramos un poco, hasta llegar a aquel vacío capaz de resistir la plenitud y la pluralidad. Es a este movimiento, que en un primer instante se detiene y que luego se repliega, al que llama «fenomenológico».

Ambos movimientos se complementan.

La consciencia que percibe como bueno/malo cumple también otra función: mira la compensación entre dar y tomar.

Tenemos la necesidad profunda de compensar. Es la base de los buenos negocios. Tomamos algo bueno y pagamos el precio. Si no, tendríamos mala consciencia.

También, si alguien ofrece algo y pide un precio desproporcionado, ya no está al servicio y tiene sus consecuencias.

Si hice daño a alguien, necesito dañarme también para compensar.

Si una empresa engaña y gana con eso, después de un tiempo el dueño comete un error que le quita lo que había adquirido. Errores que de afuera asombran responden a esto en función de la compensación.

En una familia, cuando alguien saca ventaja de otro o lo daña, al tiempo se manifiesta el desequilibrio porque el alma no lo aguanta.

Si para un servicio pedimos un precio exagerado, luego tenemos la necesidad de perder.

La necesidad de compensar tiene buen efecto cuando se trata de compensar algo bueno, porque agrega algo mejor. Ejemplo: Si un negocio ofrece un café al cliente como una atención luego de su cena, el cliente se predispone bien para regresar a ese lugar. Es crecimiento. Pero también existe igual necesidad a la inversa. Si siento culpa hacia alguien, también quiero compensar haciéndome daño.

Esta dinámica está muy extendida. A veces, empresarios culpables por dañar compensan dando pérdida a su empresa y llevándola a la ruina.

Una forma mejor de tratar la culpa es reconocer y encarar las consecuencias para hacer algo nuevo. Se invierte el signo y es bueno para todos, al servicio de algo mayor.

En el proceso fenomenológico, la propuesta para el facilitador consiste en vaciarse de conceptos —emocionales, mentales o de juicio— y exponerse a la pluralidad de los aspectos que se muestran sin evaluación. Una vez realizado esto, es posible observar cuál es el paso que se debe dar en la configuración sistémica.

Uno de los contenidos de la buena consciencia es el proyecto sentido.

Así se llama a las ideas y proyecciones de los padres en relación con cada uno de sus hijos. Tal vez esta idea acerca del hijo surge mucho antes de conocer a quien será el padre o la madre, es una fantasía. También el proyecto sentido nos traza un camino o propicia el guion de vida personal; una mujer o un hombre se dicen: «Nunca tendré hijos» o «Tendré hijos, pero no pareja»; «Viviré con una pareja sin casarme», o «Me casaré a tal edad»; «No quiero hijos biológicos, adoptaré», o «Mi hijo naccrá por inscminación».

Este proyecto moldea un hijo imaginario que más tarde, al nacer, recibirá implícita o explícitamente el ideario de sus padres: «Serás el mejor alumno», o «Nunca servirás para estudiar»; «Te casarás a tal edad», o «Nunca te casarás»; «No tendrás hijos», o «Tendrás hijos»; «Te llamará con este nombre, que es el de…».

Cada uno de nosotros tiene su propio destino. Hacernos cargo de nuestras decisiones, elegir y asumir la responsabilidad de los resultados es ser adulto.

Seguir adelante con el proyecto sentido de nuestros padres no siempre nos lleva a la satisfacción y a la alegría.

El desafío que también se proponen las configuraciones sistémicas es averiguar si estamos siguiendo el proyecto sentido de nuestros padres, creyendo que estamos cumpliendo nuestro destino, con nuestro guion de vida, y darnos la oportunidad de poder diferenciar si los sueños que tengo y no se realizan son los sueños de mis padres y los míos se encuentran relegados o desvalorizados, y eso me impide tener proyectos realizables y exitosos.

Muchas veces, al acudir a un taller o a una sesión, alguien dice: «Con mi trabajo quiero sanar a mis hijos o nietos». La intención con la que se realiza el trabajo personal es muy importante a la hora de determinar su éxito, ¿quiero hacer un cambio, o quiero que cambien otros?

Por supuesto que, si realizo mi propio trabajo personal, habrá consecuencias y estas serán positivas; sin embargo, ese será el beneficio secundario y tal vez no lo veré mientras viva. La motivación debe ser sanarme espiritualmente, despojarme de las ideas o creencias limitantes que me llevan a conflictos irresueltos.

Ejercicio

Hay un camino que nos lleva al éxito seguro:

- Reconocer mi sueño.
- Permitir que surja en mí el deseo de realizarlo.
- Determinar el proyecto (qué, cómo, cuándo, con quién, dónde, de qué manera).
- Ponernos en movimiento, ya que sin movimiento no habrá sanación y tampoco concreción del proyecto.

Siempre hay tiempo para cambiar, pero es importante preguntarse lo siguiente:

- ¿Dónde está mi pasión?
- ¿Estoy realizándome a través de una profesión o trabajo que me apasiona y amo?
- ¿Vivo donde quiero?
- ¿Convivo con quienes quiero?
- ¿Qué necesito en este momento?
- ¿Qué me hace feliz?

Recordemos: respuestas que quedan en el papel o cuaderno sirven si, además, se produce en mí un movimiento de consciencia que me lleve a un cambio, que sería nada más y nada menos que el cumplimiento de mi deseo o un movimiento físico que me lleve a forjar un proyecto y pasarlo a la acción.

TERCERA PARTE

Las heridas de la infancia

Los otros temas que tienen que ver con los conflictos irresueltos devenidos de creencias limitantes, y no hablo de trauma grave aquí, ni de estrés postraumático, sino de pequeños sucesos que han sido importantes para el niño y pasaron inadvertidos para los adultos a su alrededor —padres, familia extendida, maestros— y que con el tiempo fueron mermando la autoestima, la vitalidad y hasta la creatividad del niño porque dejó de creer en sí mismo y su valía, están relacionados con los temas de apego, triángulo dramático, las etapas del duelo y, por supuesto, los aportes a la psicología de la filosofía para la vida de Bert Hellinger y mis observaciones.

¿QUÉ ES EL APEGO?

El apego es el tipo de relación profunda que hemos tenido con nuestro padre y con nuestra madre desde el momento del nacimiento, y no digo «nuestros padres», porque la relación que se establece con cada uno de ellos es diferente.

También se genera apego con personas que ejercen roles parentales y que no son los padres. Idealmente, el apego es una relación emocional perdurable que produce seguridad, sosiego, consuelo y placer. La pérdida o amenaza de pérdida de la persona hacia la que se tiene apego produce ansiedad; por tanto, un apego saludable se asocia con buenas relaciones con otras personas a lo largo de la vida, mientras que un apego pobre o débil se relaciona con problemas emocionales o de conducta.

Lo ideal sería tener unos padres sensibles y conectados con su bebé; sin embargo, esto no siempre ocurre por una multiplicidad de razones. Esta relación de apego impactará en el desarrollo del niño y en su vida adulta, lo que podrá manifestarse como problemas psicológicos y de conducta o enfermedades.

Si el bebé se siente seguro con sus padres o figuras que desempeñen funciones de cuidado, evolucionará hacia transformarse en un adulto seguro.

Por su desarrollo como hijos y sus experiencias de vida, algunos padres pueden ofrecer un apego inseguro a sus hijos, no se sienten cómodos con la crianza, con las demandas del niño, no las interpretan o no pueden responder a ellas como lo necesita el niño.

Existen cuatro tipos de apego: seguro, ansioso, evitativo y desorganizado.

La calidad de la relación de apego con los padres va a influir en cómo ese bebé experimenta el mundo y, consecuentemente, cómo responderá a él y sus estímulos.

Estos patrones se manifiestan en respuestas emocionales y comportamientos de los niños cuando se encuentran con situaciones nuevas, estresantes o amenazantes.

Todos los seres humanos tenemos la necesidad emocional de establecer vínculos emocionales y afectivos con figuras de apego. El vínculo con estas figuras va a proporcionar al niño seguridad, protección y apoyo emocional.

Estos estilos van a determinar modelos internos en el niño acerca de las relaciones y el mundo, y su impacto será duradero y se manifestará incluso en la edad adulta, en la forma en que se relaciona con los demás, con su pareja e hijos.

Cuando existe apego seguro, el niño confía en que la figura de apego estará disponible y responderá si le pasa algo. Al separarse de dicha figura puede sentir ansiedad, pero al regreso experimenta alegría. El «estar disponible» del adulto ayuda al niño a desarrollar un concepto positivo de sí mismo y le da confianza.

La persona que experimentó un apego seguro en su infancia tenderá a ser un adulto cálido, estable, y a mantener relaciones satisfactorias. Será alguien positivo, integrado y con perspectivas coherentes de sí mismo; desarrollará una mayor confianza, habilidades sociales, autoestima y capacidad de regulación emocional.

En el apego ansioso, el niño tiene una permanente sensación de inseguridad, provocada por la diferente reacción de su madre o padre ante las mismas circunstancias. El niño se siente inseguro y con miedo al abandono; llora ante los extraños y, cuando sus padres se ausentan, cuando los padres regresan, aunque se hayan demorado poco tiempo, los rechaza.

Se trata de un tipo de apego ambivalente, ya que la expresión de emociones o sentimientos oscila entre dos polos opuestos: estabilidad e inestabilidad; amor y odio; seguridad e inseguridad.

En la relación con los padres es posible que se haya producido una relación de cuidado con uno de los progenitores o con ambos, intermitente. No siempre los padres están disponibles para el bebé y, cuando lo están, no lo satisfacen en su necesidad o lo hacen tarde. Tal vez les ha costado decodificar el llanto del bebé y no perciben su necesidad, y puede que cuando lo atienden se sientan desbordados y muestren emociones difíciles.

Por lo tanto, el niño no sabe a qué atenerse en cuanto a la conducta de los padres o de aquellos que cumplen sus roles, se siente permanentemente con la necesidad de agradarlos y tiene un gran temor al abandono.

El apego evitativo es un vínculo inseguro, en el que el niño no se atreve a separarse de su figura de apego para explorar su entorno. Está pendiente de la presencia de esta figura y teme la separación, ya que le produce una ansiedad profunda. Por ejemplo, cuando va al jardín de infancia, llora, cuesta consolarlo, y al reencontrarse con la figura, busca acercarse, pero la rechaza.

Estos niños tienden a evitar la cercanía y la dependencia emocional. Tal vez se muestren muy independientes para su edad, o poco afectuosos o demostrativos con sus cuidadores o padres. No buscan apoyo cuando se sienten estresados.

Esto se debe a que la figura de apego es inestable: a veces se muestra cariñosa; otras, insensible, lo que genera inseguridad.

En el apego evitativo, uno o ambos padres han tenido experiencias previas que los hacen sentirse en permanente tensión; por ejemplo, padres que perdieron embarazos o sufrieron la muerte temprana de un hijo y ahora son padres nuevamente y no permiten que el hijo desarrolle su deseo de explorar, experimentar, y lo sobreprotegen de tal forma que prácticamente lo que escucha con frecuencia son noes: «No hagas esto o aquello», «No salgas», «No corras», «No toques», etc. Por supuesto que estos padres se sienten responsables por el hijo y hacen su mejor esfuerzo para criarlo sano; aunque, por otra parte, el miedo a perderlo, con sus actitudes, hace que el niño viva inseguro y dependiente.

También se puede dar una dependencia extrema entre el niño y uno de sus padres. Por ejemplo, la pareja se separa y el niño queda viviendo con su madre, que deposita en él su amor y, también, su miedo.

Sus emociones hacia el hijo fluctúan: cuando lo ve, recuerda al padre y el proyecto de pareja fracasado, y puede que sienta tristeza o enojo. El niño percibe estas emociones y se siente responsable. Así comienza a desarrollar el apego ambivalente.

En el apego evitativo, el bebé no interacciona con el cuidador de ninguna forma, ni siquiera a través de la mirada. Cuando el cuidador se retira, no hay reacción. Este tipo de apego se da cuando el cuidador se muestra insensible a las necesidades del niño y es poco paciente. El niño con un apego evitativo no confía en su figura de apego. Se convierte en una persona insegura, que teme a la intimidad y rechaza a los demás.

Finalmente, el apego desorganizado es una mezcla del apego ambivalente y del evitativo. En este caso, el cuidador brinda respuestas desproporcionadas o inadecuadas a las necesidades del niño.

En este tipo de apego, tal vez los padres —o uno de ellos— sufrió un trauma severo en la infancia, y el niño se siente desprotegido ante sus reacciones, lo que es causa de una gran ansiedad; las reacciones de los hijos pueden ir de transformarse en pequeños tiranos con sus padres y hermanos, y también maestros, a estar anestesiados emocionalmente, o transformarse en niños sobreadaptados que «no dan trabajo» a los padres.

Por su parte, el niño no sabe cómo comportarse ante la separación con la figura de apego, tiene un sentimiento ambivalente de necesidad de cariño y también de temor. Se trata de niños que son víctimas de violencia, negligencia, abuso o maltrato.

¿Cómo se logra el apego seguro? ¿Cómo siente el bebé seguridad y confianza? Estando atentos, como cuidadores, a las señales del niño desde que nace: llantos, balbuceos, sonrisas, y ante esos estímulos, atendiéndolo y dándole amor y cariño. De esa forma, tendrá una relación saludable y sólida con su figura o figuras de apego, que sentará las bases del tipo de relación que tendrá en el futuro con los demás.

Una vez que sabemos qué es el apego y conocemos los tipos que existen, podemos comenzar a indagarnos con la certeza de que, sean cuales sean las circunstancias de nuestro nacimiento y desarrollo, pueden ser trabajadas y sanadas. ¿Por dónde comenzar? Por el ahora, desde ahora, desde aquí. De ahora en adelante. Y si bien puede que esté un minuto sintiéndome con buena consciencia y en el pasado, y me asuste o intimide arriesgarme a lo nuevo, una vez que experimento los beneficios y la satisfacción de estar en mi lugar como hijo, pareja, hermano, colega, maestro o alumno, abogado o cliente, intentaré permanecer en mi lugar cada vez más tiempo.

Seguramente, a esta altura de la lectura, nos estaremos preguntando qué tipo de padres hemos tenido y cómo somos como padres, y el impacto del tipo de apego infantil en la elección de pareja.

¿La inquietud acerca del estilo que recibimos y el que trasmitimos puede ser modificada? La respuesta es sí.

Nuevas experiencias positivas que nos damos a nosotros mismos. Como adulto, puedo darme a mí mismo aquello que necesité y no estuvo: cuidado personal, psicológico, etc., a través de profesionales, evitando transformar a la pareja en padre o madre para que ellos no deban hacerse cargo de lo que nos faltó, y también reconociendo si estoy en mi lugar y lo están mi pareja e hijos, ya que es habitual ver en los talleres que, cuando un padre o una madre fueron carentes de cuidados parentales de niños, los hijos sienten que deben apoyarlos y se colocan en el lugar de padres de sus padres.

Los efectos de las relaciones de apego podrían ser:

En el apego seguro, una respuesta apropiada a situaciones estresantes y una rápida recuperación después de la resolución del conflicto. Un buen desarrollo de la memoria y el aprendizaje, la posibilidad de evocación de recuerdos positivos y la capacidad de aprender de las experiencias. Más equilibrio emocional en la autorregulación personal y en la toma de decisiones. Capacidad para experimentar y disfrutar de interacciones sociales y afectivas.

Los bebés que experimentan un apego seguro tienen un sistema de estrés más equilibrado y una respuesta más eficiente a situaciones estresantes.

Los estilos de apego inseguros pueden experimentar dificultades en la regulación emocional y tener una menor capacidad para establecer relaciones sociales saludables. Cambios de humor frecuentes, dificultad para calmarse cuando está molesto, dificultad para expresar sentimientos, y puede pasar por una rabieta, un comportamiento agresivo o retraimiento emocional. El niño puede temer que, si se separa de su padre o madre, algo malo le pueda ocurrir, que ellos no regresen o que él muera, y vive la separación con un gran estrés o ansiedad; eso afectará, por ejemplo, que vaya a su jardín de infancia o a la escuela, que no quiera separarse de sus padres, que no participe de las actividades en la escuela, incluso que le cueste dormir solo.

Tal vez desafíe figuras de autoridad, le cueste seguir reglas y tenga comportamientos impulsivos o disruptivos; en realidad, estos comportamientos serían formas de expresar su inseguridad emocional buscando atención o control en sus relaciones.

Los niños con experiencias de apego inseguro pueden tener una baja autoestima, ser incapaces de mantener relaciones saludables con los demás, confiar en las otras personas o formar relaciones cercanas y duraderas.

Existe el denominado «trastorno de apego reactivo». En casos más graves, algunos niños pueden desarrollar un trastorno llamado «de apego reactivo», que ocurre cuando no han tenido una figura de apego constante o han experimentado negligencia o abuso. Estos niños pueden tener dificultades para establecer relaciones significativas, mostrar falta de emociones positivas hacia los demás y tener comportamientos inapropiados.

APEGO E IMPLICANCIAS EN LA PAREJA

¿Y cómo se podrían observar en una relación de pareja los distintos tipos de apego?

Apego seguro

- Disfruta de la intimidad y cercanía en una relación.
- No vive con la preocupación de que su pareja la o lo abandone.
- Se siente correspondido en el amor y la relación.
- En caso de ruptura, acepta la separación, aunque duela.
- Le gusta compartir tiempo con su pareja y también sabe darle espacio.
- Afronta los conflictos.
- Expresa sus sentimientos y necesidades.

Apego ansioso

- Basa su felicidad en la relación.
- Tiene miedo a ser abandonado.
- Necesita estar constantemente con la pareja.
- Gasta su energía emocional en pensar en la relación.
- Siente que la pareja no lo o la ama como debería hacerlo.
- Interpreta todo lo que dice o hace la pareja.
- Vive los conflictos con mucha angustia.
- Piensa más en las necesidades de la pareja que en las suyas.
- Autoestima baja, insegura y muy vinculada a la forma en que los tratan o los perciben los demás.

- Posibilidad de involucrarse en relaciones interpersonales inestables con conflictos emocionales.
- Es frecuente caer en relaciones tóxicas, donde la otra persona solo está disponible en forma ocasional.
- Es común que culpabilicen a otros de sus problemas y emociones negativas.

Apego evitativo

- Distante y frío.
- Teme al compromiso.
- Le cuesta expresar emociones.
- Da demasiado valor a la independencia y autonomía personal.
- La pareja no suele ser su prioridad.
- Suele tener relaciones superficiales.
- Evita los conflictos.
- Por lo general, no expresa lo que siente, piensa y necesita.

Apego desorganizado

- Relaciones de amor/odio.
- Relaciones conflictivas y dramáticas.
- Inestable y variable con altibajos emocionales.
- A veces parece que no hay conexión entre lo que hace y lo que siente.
- Por un lado, tiene terror a ser abandonado, pero por otro le cuesta tener intimidad.
- Vive los conflictos de forma dramática.
- Siente que no puede confiar en nadie.

Ejercicio

Una vez que has visto y analizado los tipos de apego y su relación con la pareja o las interacciones interpersonales con otros adultos, hazte las siguientes preguntas:

- ¿Qué tipo de apego sientes que has tenido en tu infancia?
- ¿Cómo vivencias tus relaciones? ¿Y tu relación de pareja?
- ¿Encuentras un patrón común en el tipo de pareja que has tenido?
- ¿Puedes percibir que hay algunas cosas que puedes cambiar en ti?

Esperar que cambien las personas con las que me relaciono es un rasgo de soberbia que debo trabajar en mí, la frase de Marcel Proust «Aunque nada cambie, si yo cambio, todo cambia» es real.

¿Qué pasos debería dar para sanar el tipo de apego de mi infancia?

Existen estrategias terapéuticas para ir orientándonos hacia el apego seguro, aunque ahora los padres ya no vivan o, si están vivos, continúan con sus comportamientos habituales. Ahora, como adulto, puedo contar con profesionales que me ayudarán a desandar el camino de lo aprendido y desarrollar habilidades que me permitan una vida más plena; lo primero es tomar consciencia de qué me hace falta, y lo segundo es querer el cambio. Sin el deseo de cambio, nada funcionará.

Somos ignorantes porque no somos conscientes. Salir de la ignorancia tiene un costo: a veces duele, casi siempre duele. Renunciar a lo conocido, a la aceptación ciega, a lo que debe ser y está escrito en nuestro ADN no es sencillo; sin embargo, cuando empezamos a experimentar lo nuevo, nos desafiamos a salir de la zona de confort, la confianza crece y a la vez nos sentimos humildes y agradecidos…

¿El cambio es fácil? No. Habrá momentos difíciles, de incertidumbre, de no saber si vamos por el camino correcto; sin embargo, valdrá la pena recorrer ese camino. Tendremos relaciones más estables, amorosas, sinceras, confiables, y ese cambio también se extenderá a mi pareja, al trabajo, a la profesión, a las relaciones interpersonales.

Cuando llego a mi consciencia de ser, a estar en el presente, tal vez no se perciba o no se vea externamente. Los demás serán exactamente los mismos, tendré la misma pareja, los mismos hijos, los mismos padres; sin embargo, se sentirá un cambio interno, y eso, con el tiempo, llevará a un cambio externo y mejorarán mis relaciones.

Aprender a cuidarnos y querernos es un viaje que no se termina, no hay adonde llegar, lo mejor está en el viaje.

Nuestro anhelo y mayor logro en la vida debería ser transformarnos en adultos.

TRIÁNGULO DRAMÁTICO. ROLES

En el triángulo dramático reconocemos tres roles: víctima, rescatador (o salvador) y perseguidor (y, en casos extremos, perpetrador).

En la relación con sus padres, el niño siempre ocupa el rol de víctima; los padres tenemos un lado luminoso y lo que se llama «sombra».

Esta parte de sombra que todos tenemos debe ser integrada a través del trabajo personal; cuando es rechazada, la vemos proyectada en los rasgos y acciones de las personas que nos rodean.

La sombra del padre y la de la madre serán el rescatador y el perseguidor, y no necesariamente la madre será rescatadora, ya que a veces ese rol lo lleva el padre.

La sombra es ese lado oscuro de nuestra personalidad, esos rasgos y actitudes que nuestra parte consciente no reconoce como propios. Esta sombra personal se desarrolla en la infancia en todas las personas.

El perseguidor juzga todo cuanto lo rodea, critica y amenaza o culpa de lo mal que le va en la vida o de lo que les sucede a otros. Intransigente en sus ideas, despierta enojo, rabia y frustración.

Experimenta rabia contenida, desprecio y un cierto deseo de causar daño. Se siente bueno, y los que no piensan como él o acatan sus órdenes son los malos. Se aprovecha de las equivocaciones o debilidades de los demás para descargar la rabia y frustración que lleva en su interior. Ante su presencia, las víctimas se sienten humilladas, culpables y asustadas.

Ignoran no solo los sentimientos de los demás, sino también su valor. Por eso critican, encuentran defectos, persiguen, chantajean y abusan de su poder. En particular, usan la vergüenza y la culpa para manipular. Incluso pueden castigar (aunque solo sea con su mal humor o su silencio) para que las víctimas se sientan ansiosas e inferiores.

Los perseguidores siempre encuentran un culpable o un enemigo, el otro, con lo cual no hay manera de resolver un conflicto con ellos, ya que en cada conversación hay que andar con pies de plomo y no cuestionarlos. Utilizan amenazas para obtener lo que quieren, dado que se sienten con derecho a actuar así. Y lo que quieren es que los demás no solo escarmienten y se ajusten a su forma de ver, sino también que cambien y hagan las cosas a su manera.

Los perseguidores sienten tanta rabia e indignación que se desahogan con las víctimas inocentes con mucho gusto. No se ven como abusivos ni agresivos porque opinan que las víctimas se lo merecen.

Para sentirse seguros, los perseguidores quieren tener el control y luchan por el poder en la relación. Imponen su punto de vista para establecer un trato de ganador-perdedor que les permita tapar sus complejos de inferioridad, su inseguridad y su vulnerabilidad, las cuales no reconocen. Además, confunden tener una necesidad con ser necesitado. En consecuencia, no aceptarán ninguna ayuda o se negarán incluso a considerar que alguien puede hacer algo por ellos.

Pero siempre habrá algo que reprochar, siempre habrá alguien que no se ajusta a sus expectativas. Cuando algo va mal, los perseguidores responsabilizan a los demás de lo ocurrido para evitar culparse a sí mismos.

Con esa actitud, parece poco probable que acudan a sesiones de terapia, por ejemplo, ya que el responsable o el culpable siempre es el otro. Proyectan sobre los demás (afuera) lo que no quieren ver en ellos mismos. En efecto, tacharán a otros de arrogantes porque ellos mismos no pueden ni reconocer ni aceptar su propia arrogancia.

Como han sufrido a menudo maltrato en la infancia, siempre están a la defensiva. Reproducen la conducta del maltratador porque esperan que dominando se protegerán preventivamente de los abusos o del desprecio.

Al igual que los salvadores, se sienten moralmente superiores y necesitan víctimas para desempeñar su papel de perseguidores.

¿BUENA PERSONA, O DEMASIADO BUENA?

El salvador se preocupa excesivamente por los problemas de los demás, incluso colocándose en último lugar para satisfacer sus necesidades. Presta ayuda, muchas veces sin que le sea solicitada, y luego la cobra con comentarios que generan culpa y desvalor en el beneficiado. Siempre da su opinión, no sabe escuchar, es común que comience las frases diciendo: «Yo en tu lugar lo que haría es…».

Se rodea de personas que lo o la necesitan, y asume una responsabilidad exagerada por el bienestar de los demás.

Es la eterna persona que se sacrifica, evita los conflictos y nunca se siente lo suficientemente reconocida por el esfuerzo que dedicó a los demás.

Cuando el rescatador es solicitado, se siente feliz y ansía que le agradezcan sobradamente lo que ha hecho, aun cuando piensa que la gente es desagradecida y egoísta. Internamente, su pensamiento es: «Yo estoy bien por ayudarte, tú estás mal por necesitar mi ayuda», «Qué sería de ti sin mí».

Salvar es ofrecer una ayuda que ni es saludable ni es oportuna, pero que refuerza la autoimagen de bondad y entrega del salvador.

Los salvadores intervienen en la vida de los demás, esperando ansiosamente reconocimiento y aprobación. Hacen suposiciones acerca de las necesidades de otras personas. Esto les da alas para ayudar antes de que nadie les haya pedido algo y les permite crear una deuda de gratitud.

Creen que otros los necesitan e imponen su solución. Cuando actúan así, incapacitan a los demás para resolver ellos mismos sus problemas. A la vez manifiestan su superioridad moral.

Detrás de muchas ayudas desinteresadas, hay una necesidad de hacerse y sentirse necesario, y un alto nivel de orgullo y complacencia.

Se sienten responsables de la felicidad y del bienestar ajeno, enseguida se afanan en reconfortar, apaciguar, calmar para que estas personas no sientan sus emociones desagradables, como dolor, rabia, decepción, tristeza…

Los salvadores también quieren tener buenas relaciones con todo el mundo, ya que les gusta la armonía. Por eso evitan a toda costa los conflictos o mantenerse firmes, aunque terminan perdiendo su tiempo, dinero o energía. Tienen una tendencia a complacer a la gente para evitar críticas y rechazo. Al fin y al cabo, aspiran a sentirse aceptados y queridos por todo el mundo.

Su comportamiento fomenta la dependencia y la falta de autonomía en las víctimas. Los salvadores seguirán involucrados en relaciones de codependencia (como con adictos, por ejemplo) que les son perjudiciales porque no se percatan del daño que les supone a ellos mismos.

¿Qué pasa cuando la persona rescatadora da «todo»?, se siente vacía y resentida.

No vemos las cosas como son, sino que proyectamos, sobre ellas, confort, incomodidad o malestar. Vemos lo que no aceptamos en nosotros.

Las víctimas se sienten impotentes, incompetentes, atascadas y, a veces, desesperadas. Minimizan sus habilidades y sus recursos. Tampoco reconocen su propia capacidad para cambiar las cosas o influir en su destino. Además, precisamente porque la vida les «sucede», a menudo sufren de depresión. Y si por milagro sucede algo bueno, lo atribuyen a la suerte.

Según las víctimas, no se les puede reprochar nada porque no tienen ninguna responsabilidad, ninguna culpa en lo que les ocurre. Están convencidas de que la vida es muy dura, que nadie las entiende y que no importa lo que hagan, no podrán cambiar su suerte. Siempre encuentran excusas que justifican su situación.

La víctimas aprovechan cualquier oportunidad para quejarse, hasta su tono de voz habitual es quejoso. Son eternamente víctimas de la vida misma y se las arreglan para enfermar, tener dolencias y atraer desgracias. Consiguen ahogarse en un vaso de agua en cuanto se estresan, lo que ocurre con mucha facilidad. Simplemente evitan las responsabilidades y no quieren tomar decisiones por miedo a equivocarse.

Además, las víctimas se reconocen por su forma habitual de pedir disculpas por todo y por nada. A menudo se escucha «¡Disculpa!», «¡Perdón!», «Lo siento».

La víctima se queja constantemente y busca a otros para que le resuelvan sus problemas.

Se siente indefensa e incapaz de salir sola de las dificultades.

Genera insatisfacción porque la persona no se siente capaz de salir de la situación.

Experimenta autocomplacencia de su suerte, sucumbe al desánimo y «sufre porque sufre». Inconscientemente, se regodea en su propio dolor y le saca provecho.

Ser víctima es sentirse con derecho a perseguir y a vengarse. Es no sentirse responsable de dar respuesta a sus retos vitales ni ser responsable de su actitud ante ellos.

Con respecto al salvador, la víctima se deja sobreproteger y se anula, y con el perseguidor, se siente menos, se autocompadece, busca vengadores que actúen en su nombre.

La víctima muestra su faceta de sombra y no se reconoce en ese rol ante los demás. «Siempre fui así», «Esta es mi forma de ser», nos dirá al crecer.

En el rol de víctima —que va abandonando el niño a medida que crece— socializa en la escuela, va superando dificultades y, alrededor de los veinticuatro años, cuando alcanza su desarrollo psíquico, se transforma en adulto.

Por supuesto que en todos nosotros queda algún vestigio más o menos importante de las situaciones que vivenciamos en ese rol. Los conflictos irresueltos no son traumas propiamente dichos y tienen que ver con nuestra infancia.

Recordemos: la queja evita la acción.

CONTINUAR EN EL TRIÁNGULO DRAMÁTICO

Cuando estamos en el triángulo, las cosas nunca cambian. Nos sentimos internamente seguros porque seguimos un guion donde cada uno conoce las jugadas. Adoptamos el rol que dominamos y no hay sorpresas.

Pero esta forma de relacionarse crea distancia entre las personas, ya que no es sincera. Impide una comunicación honesta que aborda los problemas. Permite evitar la intimidad, la responsabilidad y la autenticidad. Confirma las creencias que tenemos sobre nosotros mismos («Siempre me pasa lo mismo»).

Nos permite satisfacer algunas necesidades: ser reconocido o visto, obtener la confirmación de quienes somos y estímulos por el intercambio.

Ejercicio

Durante nuestro quehacer cotidiano, se presentan situaciones que debemos resolver. Ante cada una de ellas, sin calificarlas como buenas o difíciles, puedo hacerme preguntas.

Si soy adulto, las preguntas son asertivas y me llevan a revisar mi lugar en un conflicto y a encontrar la solución. Por ejemplo, en un caso de separación o divorcio:

- ¿Qué debo aprender de esto?
- ¿Qué actitud mía ha provocado este conflicto?
- ¿Hay algo que me hace sentir atacado/a? ¿Tiene que ver con mi historia?

- ¿Qué propongo?
- ¿Qué me propone la otra persona?
- ¿Cuál es la solución?
- Todo el tiempo debemos observarnos, ¿estoy forzando o fluyendo?
- ¿Cuándo sabemos que nos encontramos en la etapa de volver a nuestra vida y fluir con lo que nos trae, ya sea que se opte por permanecer sin pareja o sentirse preparado para una nueva oportunidad?

La respuesta a la última pregunta del ejercicio sería la siguiente: cuando nos damos cuenta de que no pensamos continuamente en nuestra expareja, cuando podemos hablar de lo que sucedió sin emocionarnos, y cuando, en el caso de encontrarnos, nos hablamos con naturalidad y respeto.

Todo esto ocurrirá si revisamos nuestros patrones de comportamiento alejados de los roles del triángulo dramático y nos sentimos fortalecidos, serenos, en nuestro lugar; entonces veremos oportunidades y podremos decidir tomarlas o rechazarlas.

Si continuamos en el triángulo dramático, seguiremos hablando de nuestra expareja con quien se nos cruce por delante. No seremos capaces de evitar el enojo o el llanto, comentar los detalles humillantes y colocarnos en el lugar de víctimas, y es muy probable que rápidamente conozcamos a un hombre o a una mujer que tiene muy desarrollado el rol de rescatador/a desde su infancia y, en un primer momento, nos sintamos confortados, escuchados, amados cuando relatemos las vicisitudes del sufrimiento provocado por nuestra pareja y los detalles de los trámites que se debieron realizar.

Sin embargo, estos roles de víctima-rescatador, con el tiempo, irán mostrando las grietas de la relación y, tarde o temprano, la víctima se transformará en perseguidora, y el rescatador o rescatadora, en víctima.

¿Hay un lugar, entonces, fuera del triángulo dramático? Por supuesto que sí, y es el de adulto.

Todo y todos estamos en constante cambio; no siempre somos conscientes de esto. Lo peor que nos puede pasar es sentirnos víctimas de nuestro destino y creer que no tenemos ningún control sobre lo que nos ocurre, vivir en piloto automático en un verdadero infierno, ya que no conocemos la alegría, la paz y la satisfacción de estar conectados con todo y con todos.

Nada es permanente en la vida. Cada vez que me aferro a alguna circunstancia, situación o persona, eso cambia y debo volver a confiar, descubrir, reconocer, para finalmente dejar ir, no sin antes agradecer internamente lo que pasó, lo que aprendí, y recomenzar el ciclo…

Hay una excepción en este darme cuenta, solo una cosa es permanente, y es el sistema familiar de origen, de donde vengo.

Somos ignorantes porque no somos conscientes. Por lo general, vivimos en el pasado, repitiendo hábitos, costumbres, historias, mandatos; no somos nosotros, somos copias de los que fueron antes.[2] Dice Bert Hellinger:

> Permanecemos en el movimiento, guiados por un espíritu que todo lo abarca, recogidos y abiertos para todo lo nuevo, que día a día se presenta a nosotros de forma distinta y que crea nuevo entendimiento. Permanecemos sin palabras, valientemente en nuestra fuerza, creativamente mucho más allá de nosotros y, con todo, en el amor.

---

2   Para profundizar en el tema de la pareja, te sugiero que leas mi libro *Divorcios amistosos. Resolución sistémica de conflictos.*

CUARTA PARTE

Constelaciones familiares o configuraciones sistémicas

Las configuraciones sistémicas son una propuesta filosófica que nos invita a reflexionar sobre nuestro actuar a partir de los sistemas a los que pertenecemos.

A través de ellas acompañamos a las personas a reconocer sus fidelidades, su niño interior y, con ello, el «amor infantil» con el cual nos hacemos daño.

Este reconocimiento nos permite mirar el gran sistema humano con una perspectiva más amplia y honrar a los padres, la familia, los seres queridos, los antepasados y los sistemas sociales.

Esta mirada nos permite salir de los juicios que hemos construido, mirar nuestro pasado y a nuestros antepasados tal como han sido, y devolver a cada uno con amor aquello que es suyo; devolver aquellas responsabilidades que no nos corresponden asumir, y asumir aquellas que sí nos tocan. De esta manera, ponemos en nuestra imagen interna a cada uno y a cada cosa en su lugar, reconectando con el orden, con la fuerza de la vida y el amor que nos llega a través de ellos.

Las configuraciones nos invitan a preguntarnos por el origen de nuestro quehacer: ¿estamos actuando por criterio propio? ¿Estamos actuando a partir de ese amor infantil que es fiel a patrones familiares y sociales? ¿Por quién en particular actuamos de determinada manera? ¿Tal vez por fidelidad a nuestro padre o a nuestra madre? ¿Tal vez para a redimir a algún antepasado, a alguien que fue excluido o no se ha reconocido en nuestro sistema? ¿Tal vez estemos identificados con la víctima o el verdugo de alguna historia familiar?

¿A quién nos sentimos unidos al actuar de esta manera? ¿A quién o a quiénes somos fieles?

BENEFICIOS PARA RESOLVER EL DAÑO INVISIBLE

El objetivo de una configuración sistémica es mirar cara a cara lo que es real, sin juzgar los hechos y poder pasar a la etapa siguiente.

La etapa siguiente va de la mano de una reconciliación con las propias emociones y sentimientos, ya que, al reconocerlos, esa imagen congelada que provocaba dolor y sufrimiento comienza a disiparse, a encontrar su razón de ser y, así, poder dejar de lado lo que no es propio y continuar. ¿Hacia dónde? Hacia lo que sigue.

Aquí va otra reflexión: no siempre la solución que se vislumbra en el campo de trabajo, al que llamamos «campo de conocimiento», al configurar el tema y llegar a una solución, es lo que finalmente sucederá; los caminos hacia la solución son múltiples, e, internamente, una vez alcanzada por parte del consultante esa mirada fenomenológica amplia —que observa el todo y sus particularidades—, puede ser que otra solución alterna aparezca.

¿Qué es lo importante aquí para el trabajo como facilitador? Que el consultante abandone la idea de que este trabajo es mágico y le solucionará el problema por él o ella para que quede disponible, libre, mirando hacia la vida.

¿Qué significa esto? ¿Qué significa «mirar hacia la vida»? Daré un ejemplo: el padre de familia ha muerto, y la esposa viuda queda a cargo de tres niños. Su congoja es enorme y, con el tiempo, se apoya en su hijo mayor para que la ayude a criar a los niños menores. Este movimiento hacia el hijo puede ocasionar varias consecuencias: una de ellas es que este hijo quede en el rol de hijo parentalizado, esto es, con aparente poder desde la mirada de sus hermanos, con muchas obligaciones de adulto y sin derechos, ya que es visto como niño por su madre, lo que genera en los hermanos una reacción: no lo ven como a un par, y en él comienza a surgir un resentimiento hacia la vida, se torna amargo y no consigue pareja, no logra un trabajo que le guste y le cuesta ganar dinero.

Es el hijo al que más se le exige y al que menos se le reconocen sus esfuerzos. Es probable que, en una primera etapa, la tristeza y la melancolía de la madre por la pérdida de su marido hayan colocado a este hijo en la dinámica «Yo por ti», «Prefiero irme yo antes que tú, querida mamá», y, con el paso del tiempo, surge otra dinámica, la de «Lo hago por ti, querido papá», en el primer instante, el impulso del hijo de ir junto a su padre, sentimientos que su madre no expresaba verbalmente, pero sí a nivel corporal, y entonces el hijo quiere tomar su lugar, y más tarde se queda en la vida, en el rol asignado inconscientemente por la madre, con las consecuencias que ya expresé y que equivalen a estar muerto.

Llega la persona a una configuración y manifiesta no tener pareja, no ganar lo suficiente y encontrarse siempre con accidentes menores que lo imposibilitan para trabajar. Al traer representantes de su sistema familiar de origen al campo de trabajo, él se coloca al lado de su madre como si fuera su pareja, entonces la observación es: «Se ve aquí que ya tienes pareja». Esto le sorprende y pregunta cuál es su lugar; este momento es el principio de su sanación.

Querer saber cuál es su lugar será el inicio de un gran cambio; la segunda instancia en su trabajo es agradecer a su madre por la vida y pedirle que le permita querer a su padre. La madre, durante años, se sintió abandonada por su marido y hablaba a los hijos, sobre todo a este, mal de su padre, lo criticaba y menospreciaba, a veces abiertamente, y otras de forma sutil. Este segundo momento es crucial en el trabajo. Por lo general, la representante de la madre no habla o no mira al consultante, o musita un sí tímido, y aunque ella no diga o haga gesto alguno, el hijo encuentra la fuerza para ir hacia el representante de su padre y mirarlo a los ojos. Puede decirle, también, gracias por la vida; sin embargo, lo que resultará un gran alivio será la frase «Papá, lo hice por ti y ahora tomo mi lugar de hijo».

Es probable que el consultante y el representante de su padre se abracen y observemos momentos de intensa emoción de ambos. Aunque el representante del padre no conozca la historia ni a la familia, quedará también, como todos los presentes, impactado y aliviado.

Luego de esto, el consultante solo busca su lugar, que será, por fin, al lado de sus hermanos: ahora está donde siempre debió estar.

¿Quiénes están detrás de los hijos? Los padres, vivos o muertos. ¿Y qué hay delante de los hijos? La vida en todo su esplendor, las oportunidades, lo que es.

Si miramos de cerca este trabajo, lo que habitualmente ocurre es que los representantes que trabajaron en esta configuración sistémica, que no se conocen entre sí, han tenido situaciones y vivencias semejantes en sus historias. El representante del padre muerto tiene a su padre muerto y ha sido o es un hijo parentalizado; la representante de la madre tiene una madre viuda y es el sostén de sus hermanos, y durante muchos años ha padecido depresión cuando murió su propio padre y se encuentra en la dinámica «Te sigo».

Cuando una persona realiza su trabajo en un taller, todos somos tocados, impactados por la belleza de los movimientos que llevan a la solución, y pueden pasar días o años y recordaremos esos movimientos que también nos liberaron a nosotros con solo verlos. ¿Cómo termina ese abrazo entre el representante del padre muerto y su hijo? El hijo le dice esta sencilla frase: «Padre, siempre tendrás un lugar en mi corazón, quiero que sepas que me quedo en la vida, que me cuido y me doy alegrías, y cada vez que esté feliz, como tú estás en mi corazón, también lo estarás».

Cuando me enamoro del rol de víctima, siempre encuentro un beneficio secundario que justifica ante mis ojos continuar en ese lugar. Afortunadamente, a veces las víctimas crecen en comprensiones y pueden dejar ese rol como quien deja un ropaje viejo y comenzar su camino hacia la adultez. Ser adulto no significa cumplir años, sino cumplir etapas y superarlas.

Cuando en una sesión o un taller los consultantes se enfocan en lo que necesitan lograr y no en lo que quieren, ya que, si ese es el pedido, nada de lo que vean o escuchen los conformará, pues están persiguiendo una ilusión, una imagen instalada en su cabeza que está en una especie de limbo, de sueño; cuando con nitidez comprenden lo que necesitan, en ese momento se encuentran a pocos pasos de lograrlo.

La diferencia entre la fantasía o el sueño es que estas imágenes se encuentran en el pasado y la realidad es un adulto que sabe lo que necesita momento a momento porque su vida también transcurre momento a momento, se encuentra siempre en el presente. «Cuando miro al pasado reclamando lo que no fue o pudo haber sido, dejo que las oportunidades del presente pasen a mi lado sin verlas».

Entonces la pregunta que surge es: ¿para qué sirve una configuración? Una configuración sirve para dos cosas: para realizar un diagnóstico de situación que siempre comparto con el consultante o cliente y/o para hacer una intervención.

¿Por qué «y/o»? Porque no siempre alguien quiere ver la solución. En ocasiones, alguien solo quiere ver el conflicto. La pregunta es: ¿solo el conflicto para ver quién es culpable? ¿Para sentirse orgulloso del «sacrificio» de llevar algo por otro u otros? ¿Por curiosidad? Las razones pueden ser múltiples y no siempre expuestas o manifestadas.

En mi experiencia, detrás de un pedido hay otro que se encuentra oculto, y en la configuración ese pedido oculto sale a la luz.

¿Y cómo se realiza una intervención? Bert Hellinger enumeró tres leyes a las que denominó «órdenes del amor» al comienzo de su trabajo y «leyes para la vida» en la siguiente etapa, y me he permitido agregar un elemento que hace a la resolución. Ese elemento es el movimiento, de allí la frase «Sin movimiento, no hay sanación». Se trata de un movimiento físico, de acercamiento, de reconocimiento, de reconciliación, o de un movimiento inconsciente que permite percibir al consultante cuál es el paso siguiente para una resolución.

Los movimientos, tanto físicos como de conciencia, cambian las emociones que se encontraban en las imágenes desordenadas e incompletas, por eso, una vez producidos, las imágenes fluyen y se resuelven.

A veces estos movimientos son traducidos por gestos, como el de ir a casa de los padres, mirarlos a los ojos y decirles desde lo más profundo: «Gracias por la vida».

TRABAJAR CON CONFIGURACIÓN SISTÉMICA

Las constelaciones, o configuraciones sistémicas, como las denomino actualmente, pueden desarrollarse en sesión individual, trabajando con plantillas de papel en el suelo, bloques de madera, muñecos u otros objetos, o con la técnica que se denomina «constelaciones de dos». En grupo, bajo la forma de «taller».

Los talleres pueden variar en su duración de algunas pocas horas al día completo. También se realizan convivencias o residenciales de dos o más días, en lugares en contacto con la naturaleza: un grupo de personas se encuentran, conviven y realizan sus configuraciones, y progresan en el desarrollo de su proceso personal.

El taller se desarrolla en un espacio sin ruidos externos y siempre en el interior. Ninguna distracción, como espejos, cuadros o ventanas, debe interferir en el trabajo. Tampoco utilizo música en este espacio, ya que es una forma de modificar emociones, asociar recuerdos y no centrarse en el tema que los participantes necesitan trabajar.

Tampoco se puede comer en el taller, salvo tomar agua, y hay pequeños intervalos durante la mañana y la tarde, y un tiempo para el almuerzo.

Los teléfonos se apagan y las personas se entregan a ese tiempo de trabajo. Es muy probable que no siempre sea posible «parar» de trabajar, realizar más de una tarea a la vez, pensar en lo que tenemos que hacer más tarde, etc. Este es un tiempo que se dedica cada participante para su trabajo personal, sin interrupciones.

Este espacio y este tiempo se dedican a aprender a estar en el presente, a observar, ya que vemos sin mirar, y a escuchar, ya que oímos y, sin embargo, no escuchamos cuando la mente está vagando en pensamientos que distraen.

Cuando comienza y termina el taller, se realiza una rueda; este procedimiento es fundamental para todos, participantes y facilitador.

Aquí comienza un aprendizaje para las personas: los límites. El facilitador solicita que cada uno diga su nombre y la emoción que experimenta cuando le toque hablar en la rueda. Muy pocas personas acatan la consigna, por lo general, comienzan diciendo: «Bueno, me toca, ¿solo el nombre? Mmmm, no sé cómo me siento, tengo miedo, o frío, o casi no vengo porque pasó tal o cual cosa, llegué tarde, pero…».

Esto significa que requieren atención del grupo y que no saben responder a consignas, y, por otra parte, el facilitador recordará lo que dijo cada quien durante la rueda y, cuando realice intervenciones terapéuticas, podrá, por ejemplo, solicitar a alguien que lo ayude en algún ejercicio e invitará a aquellas personas que tal vez «solo quieren mirar» y, sin embargo, a través de un ejercicio, realizarán su trabajo sin sentir presión.

Ser facilitador es un arte, no puede pasar un día sin leer, estudiar, trabajar los propios puntos ciegos, para encontrarnos cada vez más capacitados para estar al servicio de lo que se requiera.

Al finalizar el taller, también se realiza una rueda: con una palabra, cada uno manifiesta cuál es la emoción que experimenta en ese momento, y esta es una forma que tiene el facilitador de saber cómo se encuentran las personas; nadie se irá de la sala con una emoción que no pueda manejar.

La rueda permite también que las personas miren a su alrededor, y seguramente realizarán proyecciones sobre el facilitador. Es casi seguro que, si es mujer, serán los sentimientos que tienen hacia sus madres, y si es hombre, hacia sus padres. Con respecto a los participantes, también habrá proyecciones, y es muy interesante cuando, en el transcurso del taller, se van dando cuenta de esto. «Te elegí porque… te pareces a mi hermano», «Te elegí porque…».

En el taller, las personas que asisten se denominan «participantes» y se sientan formando un círculo; el facilitador realiza aquellas configuraciones que se solicitan y que siente que tienen fuerza o peso. Por ejemplo, alguien pide trabajar un problema determinado que le está afectando emocional o físicamente, o bien se trata de relaciones difíciles. Para que eso sea posible, debe poder definir con una breve frase de qué se trata su tema.

No se trabaja con relatos, sino con imágenes, imágenes internas, inconscientes. Esas imágenes se hacen conscientes, en un aquí y ahora, al representarlas dentro del círculo al que llamamos «campo de conocimiento».

Los límites del pedido del consultante radican en que siempre debe solicitar incluirse en este. No podría, por ejemplo, configurarse a alguien que desea «ordenar» su familia, sino a aquel que solicita encontrar su lugar en su familia, ni tampoco trabajar la enfermedad de un esposo o esposa, sino trabajar su relación con esa enfermedad.

A veces, en los talleres, una madre solicita constelar para que su hijo o hija le dé un nieto, o que su hijo se divorcie, o que la hija haga determinada cosa que ella requiere, y eso es sencillamente imposible: no se puede constelar por otro o para otro, debe solicitarlo la persona. Esto nos lleva también al tema de los límites: solo puedo con lo que me pertenece. Inmiscuirme con un pedido en la vida de otra persona es un acto de soberbia, y en este trabajo se requieren dosis de humildad y, también, de paciencia.

El sistema familiar se organiza de acuerdo con un orden, y cada persona que pertenece a él tiene un lugar y un destino propios. Cuando estamos en nuestro lugar, tenemos toda la fuerza que necesitamos para desarrollar nuestra vida; por sus comportamientos, por sus actos y sus consecuencias podemos conocer si alguien está en su lugar o no.

¿Cómo se podrían mostrar en la vida cotidiana estas alteraciones del orden y de las leyes que rigen los sistemas? Observando si logramos nuestros proyectos, si tenemos trabajo, si amamos y respetamos a nuestros padres y hermanos; si tenemos pareja, si gozamos de buena salud, si nos sentimos satisfechos con lo que la vida nos da, si nuestros hijos son exitosos en la escuela, si nos vinculamos fácilmente con los demás. A veces puede ocurrir que alguien diga que en todos estos aspectos se encuentra satisfecho y agradecido, y, sin embargo, no se siente feliz, no experimenta paz.

A través de las dificultades y fracasos, de las enfermedades, de conductas, de síntomas de enfermedades inespecíficas, de comportamientos difíciles, de conflictos, a veces se muestran asuntos familiares no resueltos.

Estos son algunos ejemplos de planteamientos bien hechos:

- «Necesito encontrar mi lugar en mi familia de origen».
- «¿Por qué no tengo pareja, o qué debo hacer para tener una?».
- «Quiero ser mamá o papá, pero no ocurre y estamos sanos».
- «Necesito saber por qué me llevo mal con mi jefe».
- «Mis colegas me hacen *bullying*».
- «Necesito saber a quién representa mi enfermedad».

Ejemplos de planteamientos mal hechos:

- «Quiero que mi hijo me dé un nieto».
- «Quiero ordenar a mi familia».
- «No sé por dónde empezar, hay cinco cosas que me molestan».
- «¿Por qué me relaciono con gente que me hace sufrir?».
- «¿Por qué mi mamá no me quiere?».

No hay límite de edad para realizar una configuración. Padres con criaturas pequeñas asisten a los talleres para solicitar un trabajo sistémico para su bebé, que muestra signos que les preocupan, y personas de edad avanzada, que se encuentran en la última etapa de su vida, sienten un profundo alivio luego de realizar su trabajo.

La persona más pequeña, nacida, que fue constelada por mí hasta ahora fue una niña de seis meses de edad. Su padre manifestó: «Mi hija se lleva mal con la madre, ¿es posible constelarla?». Ante la respuesta positiva, invité a toda la familia a un taller, y con sorpresa pude conocer a un adorable bebé que no miraba a su mamá y a unos papás preocupados.

En la configuración, uno de los padres colocó un representante para la bebé y otro para la mamá, y rápidamente se manifestó en el campo que existía entre ambas un movimiento amoroso interrumpido: algo había pasado en el parto que producía esos efectos entre hija y madre. Al preguntar a la madre acerca del asunto, manifestó que había recibido una dosis doble de anestesia peridural por error, y que ella y su hija habían estado en coma. Eso fue lo que ocasionó el movimiento amoroso interrumpido entre ambas.

La sorpresa fue grande cuando las representantes de la madre y la hija en el campo manifestaron tener también ese conflicto en su vínculo y que les había ocurrido lo mismo en el parto de la representante de la niña.

En un momento, a la pequeña le señalé a su representante y le dije: «Ella representa tu alma», y sin mediar ninguna acción de mi parte o por parte de su mamá, la bebé se abalanzó con sus bracitos hacia su representante y su mamá hizo lo propio con quien la representaba a ella. Las cuatro suspiraron aliviadas. No solamente se había sanado la relación de esta madre con su hija, sino también la de sus representantes.

Ha pasado tiempo desde este trabajo, la bebé es ahora una niña de cinco años, sana, amorosa y muy apegada a su mamá, a quien ayuda en la jardinería, que es su afición.

AVANCE

Hace unos años atrás, cuando aún Bert Hellinger trabajaba en sus primeras etapas, y lo llamaba «constelación familiar», realizaba una pequeña entrevista con el consultante antes de comenzar el trabajo. ¿Cómo está conformada la familia?, ¿qué habría que ver si todo sale bien?, ¿cuáles son los acontecimientos traumáticos en la familia?, etc.

Actualmente no se trabaja de esa forma, salvo en el caso de constelaciones pedagógicas dentro de un entrenamiento; en ese caso, se realizan comentarios explicativos. El facilitador se deja guiar por las sensaciones y emociones que se expresan en el campo para ir desarrollando la configuración; percibe la imagen de las personas que se requieren para representar a los diferentes miembros de la familia del consultante, si fuera el caso. En ese momento, el participante pasa a ser un representante (puede serlo de un familiar, de un acontecimiento, de una enfermedad, de un síntoma de una enfermedad inespecífica), una conducta.

Una vez hecho esto, el consultante los colocará de acuerdo con su imagen interna dentro del círculo que conforman los participantes, o tal vez el facilitador dé la indicación de que cada representante, de una forma centrada y sin querer ayudar a la persona que realiza su experiencia, encuentre un lugar dentro del campo de conocimiento y se ubique donde siente que debe permanecer.

Los representantes, en los lugares que fueron colocados por el consultante o donde se ubicaron espontáneamente, son invitados a expresar sus emociones en el sentido de las relaciones de este sistema y percibir los sentimientos de la persona a la que representan. Aún no podemos explicar cómo es posible que, con la intención del consultante, dentro del campo de conocimiento, los representantes puedan experimentar este fenómeno. Bert Hellinger sostiene que las fuerzas que actúan en ese campo son manifestaciones de la Gran Alma, del alma familiar. Cada vez con más fuerza tienen sentido en este trabajo las teorías de Rupert Sheldrake en cuanto a la conformación de un campo mórfico.

Los campos mórficos o morfogenéticos ayudan a comprender cómo los organismos adoptan sus formas y comportamientos característicos. «Morfo viene de la palabra griega *morphe*, que significa «forma». Los campos morfogenéticos son campos de forma; campos, patrones o estructuras de orden. Estos campos organizan no solo los campos de organismos vivos, sino también de cristales y moléculas. Cada tipo de molécula, cada proteína, por ejemplo, tiene su propio campo mórfico (un campo de hemoglobina, un campo de insulina, etc.). De igual manera, cada tipo de cristal, cada tipo de organismo, cada tipo de instinto o patrón de comportamiento tiene su campo mórfico. Estos campos son los que ordenan la naturaleza. Hay muchos tipos de campos porque hay muchos tipos de cosas y patrones en la naturaleza.

Los campos morfogenéticos o campos mórficos llevan información, no energía, y son utilizables a través del espacio y del tiempo sin pérdida alguna de intensidad después de haber sido creados. Son campos no físicos que ejercen influencia sobre sistemas que presentan algún tipo de organización inherente.

El campo es el espacio dentro del círculo que conforman los participantes sentados, donde realizamos las configuraciones. Las primeras configuraciones que realizó Hellinger trataban de asuntos familiares; posteriormente, se ampliaron a organizaciones y empresas; luego, a enfermedades y síntomas, y en 2001, las aplicadas al campo de la pedagogía en México y al campo jurídico en Argentina. Este campo está en relación con el campo morfogenético de Rupert Sheldrake: una forma, una vez que existe, debe repetirse.

Las leyes de la naturaleza estudiadas por Sheldrake dicen que un estado inicial crea un campo mórfico que lleva ese estado a la repetición perpetua mientras no llega otra información: así es como actúa un campo morfogenético.

Dentro de estos campos mórficos o de conocimiento solo hay repetición, a no ser que algo nuevo venga del exterior a provocar algún cambio. Entonces algo puede cambiar, y esto nuevo es algo del espíritu. Una nueva toma de conciencia que viene de fuera, vinculada con lo espiritual, que puede cambiar algo.

Los pensamientos crean también un campo morfogenético: pensar hace que las cosas ocurran. La experiencia nos ha enseñado que dar un diagnóstico enferma.

Durante el trabajo con las configuraciones, el facilitador confía en este fenómeno, permitiéndose incluso ser guiado por este. El facilitador trabaja dentro del campo sin miedo, sin intención, sin emoción, sin conocimiento o información, y sin amor, esto es, sin el deseo de ayudar como si fuera un rescatador. El facilitador acompaña el proceso de su consultante o cliente. Cada configuración es distinta, diferente y única, aunque dos o más personas soliciten el mismo tema para trabajar.

En las configuraciones sistémicas aplicadas a la familia, se reconoce que entre el consultante y los miembros de su sistema actúa un campo energético sabio que hace posible que exista ese conocimiento sin intermediarios externos, sino solo a través de la participación, los representantes perciben información de ese sistema y de esa persona que representan, sin conocerlos y sin información, ya que —como más arriba se mencionó— no se trabaja con relatos ni historias, sino con percepciones. Para esto es imprescindible que los representantes también se encuentren en el campo de conocimiento sin intención —sin intención de querer ayudar, por ejemplo—, y que asistan a la realidad tal cual es.

Si los representantes se dejaran tomar por sus sentimientos de querer ayudar al consultante en su situación, el resultado que se lograría no tendría fuerza, fracasaría. Lo mismo que si el consultante regresa a su casa y comienza a explicar el desarrollo de su trabajo. Recordemos que, cuando se relata la configuración o se intenta explicarla a personas que no conocen este trabajo, la tendencia es a desvalorizar la experiencia, entonces la imagen nueva se diluye y regresa la imagen anterior.

En el campo, el consultante y el facilitador podrán ver la imagen desordenada e incompleta, e ir colocando a aquellos que falten y que para el consultante se encuentran excluidos, y la imagen se irá transformando hasta lograrse una imagen sana. Es esta nueva imagen la que, una vez integrada por el consultante, hace posible que pueda comportarse de una forma diferente o sanar ese síntoma que estaba representando aquello que no veía o no tenía en cuenta, o cambiar una conducta que le dificultaba la acción, o encontrar una solución al problema legal que lo ocupaba, y posibilitará el mirar hacia la vida.

¿Cuál es esa dirección correcta? A veces se conforma la imagen inicial del consultante en el campo, y los representantes no se mueven, no se miran, como si cada uno estuviera en sus propios asuntos; otras, el consultante dentro del campo comienza a hacer preguntas al facilitador, perdiendo su centramiento (permaneciendo equilibrado sin dispersarse) o de pronto negando lo que ve con tanta claridad.

También puede ocurrir que nadie hable y que el facilitador tampoco intervenga, aunque ya sabemos que, de acuerdo con la física cuántica, hablar de no intervención aquí no es posible, ya que el observador modifica lo observado; en esos casos, pareciera que la imagen no va hacia ninguna parte y que nada ocurre; sin embargo, esto no es así. Aunque esa pueda ser la primera reacción de un consultante, a los pocos días nos contactará para informarnos de que «todo en sus relaciones se ha movido» y que ahora puede comprender.

Para que pueda tener efecto la configuración, es necesario salir de la mente, del razonamiento, de las explicaciones, y entrar al corazón y mirar desde allí; ese mirar se transformará luego en comprensión.

La magia no existe cuando hablamos de configuraciones sistémicas; lo que hace posible su éxito, en primer lugar, es la síntesis que hace con su pedido el consultante. Cuando quien requiere su trabajo puede enunciarlo con una sola frase, el 80 % de su solución ya se encuentra a su alcance. En la medida que la persona «rumie» con sus pensamientos constantemente y salte de un pedido a otro, no solamente se sentirá confundida, sino que no llegara a una solución.

Los pedidos pueden ser muy disímiles, tantos como personas haya en el grupo. Por ejemplo: «Deseo que mi pareja se quede conmigo». Y entonces pregunto: «¿Tienes pareja?», y la respuesta es que no. En ese caso, el pedido debe ser: «Quiero encontrar una pareja».

Otro ejemplo: «Se murió mi gato», en lugar de decir, «Se murió mi mascota y no puedo hacer el duelo o salir de él». Sucede que, cuando las personas realizan sus pedidos, el facilitador tratará de llevarlas a lo que subyace en la pregunta.

¿Estamos, en este caso, hablando de una mascota? ¿La mascota representa a alguien para su dueña? ¿Ese alguien es un secreto? Tal vez se trata de un niño que nació y murió pronto, o no llegó a nacer. Entonces la persona vuelve a plantear su pregunta y dice: «Perdí un embarazo de muy joven, nadie lo sabe, nunca más tuve pareja y quiero salir de esta situación».

Las formas en que se hacen los pedidos son sutiles, y debajo del pedido, que tal vez se enuncia por primera vez en voz alta, hay otro pedido, un pedido que aún no es consciente, que se mantiene oculto y que en la configuración se develará. Tengo tal o cual enfermedad, dicho con una mueca semejante a una sonrisa o con una sonrisa leve. En ese caso vale preguntarse, de igual forma en que lo hacía Hellinger, ¿tengo derecho a sacar a esta persona de su felicidad?

A veces las personas necesitan que pasen meses o años antes de darse cuenta de cuál fue el impulso sanador que recibió cuando hizo su pedido y observó el despliegue de su configuración sistémica en el campo.

Algo es indudable: aun cuando parezca que nada ocurre, o cuando una configuración se interrumpe o se lleva hasta que la fuerza en el campo guie a los representantes y al facilitador, siempre produce efectos.

Mi maestro y ahora yo misma trabajamos para acompañar a las personas a un buen vivir, a mirar la vida, a reconocer oportunidades y pasar al movimiento siguiente. Con tomas de consciencia sobre cómo llevar la vida de otra forma, cómo sentirse colmado, cómo tener éxito en las relaciones.

Cuando trabajamos con una persona, tenemos la mirada sobre todo el grupo.

¿Podríamos decir que solamente es una imagen sana la que resulta de la intervención de la imagen siguiendo las leyes para la vida? Sí, y también lo sería en los casos recién comentados.

Cuando parece que se ha perdido la fuerza en el campo o hay inquietud entre los participantes (toses, ruidos, movimiento), aun así, la imagen que se logró hasta ese momento producirá resultados.

A veces, el consultante solo está disponible con su atención hasta un cierto punto, y el facilitador debe resonar con esa posibilidad, soltar su trabajo, y esa acción tiene en el consultante y en los participantes del taller una fuerza más grande que la que se lograría si el facilitador no hiciera caso de la situación y persistiera en su intento.

El trabajo es de y para el consultante, no para el facilitador, quien solo acompaña, aunque debo decir que en estos más de veinte años de trabajo con esta filosofía, y dado que las dinámicas de los consultantes son universales, puedo, al regresar a mi casa después de un taller, observar que los temas también, de alguna forma, impactaron en mi sistema, y es una gran oportunidad de continuar mi trabajo personal al prestar atención a los pedidos, las dinámicas y su resolución, aunque en el momento de mi trabajo en el campo no lo perciba como propio.

Algo que estaba oculto en la profundidad de la psique del consultante sale a la luz y revela una nueva imagen con nuevas posibilidades.

Esta nueva imagen es posibilitada más allá de nuestros temores, miedos, intenciones o conocimientos. Es una imagen de reconciliación, ya que a ello invitan las configuraciones.

Desde el punto de vista de esta filosofía, no existen los malos ni los buenos, no hay diferencias, nadie es más importante que otro, todos somos iguales, todos pertenecemos a una familia, a una cultura, a una sociedad, a la humanidad, y todo lo que hacemos está al servicio de algo mayor que nos guía y nos gobierna.

El efecto sanador de este trabajo es bien conocido en la actualidad, ya que cada vez más profesionales de la salud conocen esta filosofía y, juntamente con los conocimientos de su área, aplican estos principios que rigen las constelaciones y verifican que ciertas patologías, conductas o síntomas se presentan frecuentemente cuando han acontecido situaciones traumáticas comunes.

También se han visto favorecidos mis colegas abogados y jueces que aplican los conceptos expuestos, primero, en ellos y, luego, con los clientes y personas que acuden en busca de justicia a consultas o con expedientes. Hay un capítulo dedicado a este tema en el libro.

Los principios de las leyes para la vida son principios arcaicos y universales que rigen las relaciones y se han aplicado con éxito en diferentes culturas y comunidades; también es sorprendente observar cómo los temas a tratar se repiten en diferentes países. Todos formamos parte de un gran sistema familiar, estamos unidos como humanos por lazos invisibles.

DATOS IMPORTANTES

Cada ser humano trae en sí mismo toda la información de las vidas de las que procede, tanto a nivel psíquico como a nivel físico. Es aquello que llamamos «herencia» y se encuentra impreso en lo más profundo de nuestro ser, en nuestros genes y en el inconsciente colectivo de nuestra familia, y tiene la capacidad de ser transmitido de generación en generación.

Estos son algunos de los hechos que van a dejar una profunda huella, que pueden ir «marcando» a varias generaciones de la familia:

- La muerte prematura de hijos, padres o abuelos.
- Divorcios, parejas anteriores, incluso de padres y/o abuelos.
- Accidentes trágicos donde muere un miembro de la familia.
- Abortos provocados o espontáneos.
- Un miembro de la familia es juzgado, excluido, considerado como la oveja negra.
- Sucesos de guerra.
- Supervivencia, culpa, pérdidas.
- Adopciones.
- Una madre muere al dar a luz.
- Violaciones, abusos, injusticias graves, entre otros del mismo orden.
- Muertes tempranas o prematuras. Me refiero a alguien que haya muerto antes de los veinticinco años, o a un padre o madre que muere con hijos menores de quince años. También cuentan los bebés nacidos muertos.
- Alguien que murió en el parto. Son especialmente importantes las enfermedades o muertes durante o después del parto (incluso si se trata de una abuela).
- Suicidios o intentos de suicidio.
- Crímenes (especialmente asesinatos).
- Estafas (alguien fue estafado).
- Problemas con herencias.

- Alguien fue calumniado o rechazado. Desterrado, internado en psiquiátricos.
- Destinos o incidentes graves.
- Niños nacidos fuera del matrimonio de sus padres, que se dieron en adopción, fueron abandonados, nacidos por inseminación, vientres alquilados, fecundaciones *in vitro*.
- Enfermedades graves o discapacidades.
- Padres de nacionalidades o culturas diferentes.
- Emigrantes.
- Relaciones anteriores importantes de los padres (matrimonios o parejas anteriores, primeros amores, amantes).

El pasado pugna a través de los actos cotidianos, de nuestras sensaciones y emociones, de nuestras conductas, creencias, prejuicios, que son consecuencia de conflictos por mostrarse para ser resueltos. Tenemos como humanos una gran capacidad de resiliencia, y hay una parte sana y sabia en cada uno, que nos impulsa —si permitimos que se exprese— a mostrarnos los pasos para nuestra recuperación.

En nuestro trabajo buscamos soluciones, no culpables. Si hemos estado en nuestra infancia en el rol de víctima, porque no teníamos conocimientos ni experiencia de vida, recordemos que nuestros padres también lo fueron de los suyos, y así, mirando hacia los ancestros, veremos la repetición de roles.

La invitación es a salir, a soltar, a dejar ir el rol de víctima, dejar el resentimiento, los sentimientos de inadecuación, inferioridad, y mirar con ojos nuevos desde el camino que propone esta filosofía.

Tal vez no terminemos con la cadena de repeticiones en su totalidad, aunque lograremos, a través de este conocimiento, hacer consciente nuestro estado, tomarnos el tiempo necesario para ver si las leyes para la vida se observan en nuestra imagen interna y ponernos en movimiento, hablándonos desde un lugar cariñoso y compasivo. Observaremos que esos sentimientos y emociones difíciles que parecieron salir de la nada se disipan y cambian por emociones positivas.

A través de la metodología de las configuraciones sistémicas, se busca identificar los conflictos y los puntos nodales del sistema de que se trate: personal, familiar, laboral, jurídico o social, que están dificultando el flujo organizado de la vida, y a partir de allí, en la medida que el mismo sistema lo permita, se restaura el orden perdido, desatando estos nudos y permitiendo un nuevo fluir en la vida de las personas comprendidas en estas descripciones.

En los sistemas, lo reprimido tiende a aflorar de nuevo en busca del orden, y lo hace generalmente por la parte más frágil. Todos somos fieles a aquellos miembros de la familia que vivieron destinos especialmente dolorosos y que generaron rupturas en el flujo de la fuerza de la vida en la familia. Con frecuencia, esta lealtad y fidelidad emerge en los hijos, en los nietos o aun en descendientes de generaciones posteriores. Toda la información psíquica de nuestros antepasados, la conozcamos o no, está impresa en nuestros genes y conforma la herencia psíquica y el inconsciente colectivo familiar.

EL FACILITADOR

Es importante que quien se desempeña en esta filosofía sea una persona entrenada y con experiencia, que haya trabajado un tiempo prolongado bajo supervisión y que continúe trabajando consigo mismo.

Que la filosofía para la vida desarrollada por Hellinger sea la filosofía que rige su vida. Se es facilitador en cada acto, en cada momento; no se puede ser facilitador las horas que dura un taller o sesión, y luego ser diferente.

La fuerza de esta filosofía es tan grande que pone en sintonía con el espíritu a aquel que la abraza, y a su vez produce un movimiento de tal magnitud en su alma que no se puede estar más que al servicio de esa fuerza sanadora. Por lo tanto, vida personal, actitudes, relato y esta filosofía deberían andar de la mano.

Existen en la actualidad personas que se dicen habilitadas y en realidad tienen conocimientos arcaicos —que son quienes conocieron a Hellinger en sus comienzos y luego abandonaron el trabajo propuesto por él—. Tal vez estas personas tengan nociones y hablen por su propia experiencia personal; sin embargo, existe mucha bibliografía escrita por el propio maestro que no incorporaron a su trabajo, o quizá no lo conocieron o lo vieron trabajar directamente.

También sostenía que, cuando el facilitador que te llevará a la reconciliación, al campo de la sanación y de la paz interna llegue a tu vida, al instante lo reconocerás, será alguien que te confronte y te saque de la zona de confort, que te mostrará el nudo del problema y que trabajará contigo el tiempo suficiente y necesario, y te dejará partir hasta que lo vuelvas a requerir, no serás su esclavo, sino que será tu aliado.

Esta persona deseará que encuentres tu centro acompañándote a mirar, no diciendo lo que debes hacer o no. Creerá en ti y en tus posibilidades, y te llevará a un campo donde podrás desarrollarlas más y adquirir nuevas.

Te mostrará un camino que solo tú decidirás recorrer, y te empoderará para que puedas hacerlo. El poder de decidir si regresas a consultarlo es solamente tuyo.

Cada facilitador proviene de formaciones previas en disciplinas disímiles: maestro, enfermero, abogado, psicólogo, ingeniero, médico, terapeuta, trabajador social, etc., y, por lo tanto, sumará la filosofía para la vida a su profesión de base y también formarán parte de sus conocimientos sus experiencias de vida, lo aprendido en su sistema familiar de origen, sus experiencias laborales y profesionales, el país o ciudad en la que vive. No habrá dos facilitadores iguales, y si bien se rigen por la misma filosofía en cada caso particular, su mirada se enriquecerá por los otros conocimientos que posee. Esta es la razón por la que decimos que este trabajo es una filosofía para la vida, y no una terapia, ya que la terapia está en manos de psicólogos, psiquiatras y terapeutas.

A veces, en los talleres, las personas preguntan: «¿Ya está? ¿Ahora debo hacer algo?». Y la respuesta invariablemente es: «Ya está; ahora no debes hacer nada más». Sin embargo, esto muchas veces no es suficiente para quien consulta y comienza a relatar a toda su familia la constelación, que permite que se hagan comentarios acerca de esta o de la situación que se vivió, y entonces la constelación pierde su efecto, la persona vuelve a la imagen previa, no se queda en la imagen sana, vuelve a su imagen inicial y, fiel a sus amigos y familia, con buena conciencia, dice: «No funcionó».

Recordemos que una configuración sistémica es una imagen

interna, inconsciente, que se encuentra desordenada o incompleta y que produce dolor y sufrimiento en la persona.

Para que la configuración funcione, primero, la persona debe querer un cambio, debe estar al límite de sus fuerzas y necesitar hacer un cambio porque su sufrimiento es grande, debe dejar de pensar que sufrir es mejor que cambiar.

Cuando alguien llega a este punto, entonces comienza el camino de su sanación, y todas sus fuerzas y las fuerzas del universo están a su disposición; entonces empiezan a aparecer los caminos —en la forma de conversaciones edificantes, libros, películas, personas, música, maestros— que le muestran herramientas para su deseo de sanar.

Decía Hellinger:

> Un hijo solo puede sentirse bien consigo mismo si ha tomado a ambos padres. Esto significa que los toma tal y como son, los respeta tal y como son, sin querer otra cosa o desear otra cosa. Exactamente tal como son están bien. Aquel que ha tomado a los padres de esa manera está bien consigo mismo, se siente completo, y en él ambos padres están presentes con toda su fuerza.

El amor es la base de la vida. Estamos vivos, unidos a otros por vínculos de amor; si el amor se logra, la vida también. Cuando hablamos de amor, observamos que lo primero es la experiencia de amor a nuestros padres, y el primer amor es el amor a cada uno de ellos.

Esto es el fundamento del amor y el fundamento del amor posterior hacia la pareja.

Muchas de las dificultades de pareja tienen que ver con que no cuentan con la aprobación de los padres o de uno de ellos para la relación. Lo que los atrajo a esa persona al conocerla es lo que detestarán con el paso de los años. Ejemplo: «Es un hombre maravilloso, vive en el presente y siempre está relajado, toca la guitarra y me escribe poemas que luego son canciones; para él no existe el tiempo ni las obligaciones». Años más tarde, esa misma mujer dirá: «No quiere trabajar y me deja el peso de toda la casa, no tiene un trabajo fijo y no le interesa progresar».

¿Se puede tener pareja cuando aún no se aceptó a los padres?

Por supuesto que se puede, pero tarde o temprano ocurrirá que la pareja estará en graves problemas. Una persona que no tiene una buena relación con su madre, y señala todo lo que no recibió de ella (protección, amor incondicional, ternura, afecto, ser escuchada, presencia), va a reclamar eso de su pareja y —como hemos expresado anteriormente—, cuando hablamos de la familia y el amor incondicional, no es posible recibir amor incondicional de la pareja. Ahora bien, si psicológicamente me encuentro en este estado, al que se denomina «niña de papá», voy a buscar o encontrar como pareja a un «niño de mamá», quien también se queja de no haber recibido de su madre.

Cuando dos personas con carencias se unen y se reclaman, en realidad, ¿a quién reclaman? Reclaman a su madre y lo hacen con su pareja, por eso decimos que, a la larga, no funcionará. Lo mejor es que se unan un hombre y una mujer, no una «niña de papá» con un «niño de mamá».

El amor esencial es el del hombre y la mujer de donde proviene la vida. Y este amor es el que acompaña a la persona desde que nace hasta que se enamora. Mucho antes de ser capaz de dar amor, recibimos amor, lo tomamos de nuestro padre y de nuestra madre, y cuanto más tomamos este amor, más amor damos después. El amor se logra de varias maneras, y todas están relacionadas entre sí.

El fundamento para el amor entre un hombre y una mujer es el amor del hijo a los padres y de los padres a los hijos. Cuando hay dificultades en una relación de pareja, muchas veces tienen que ver con que aquello que prepara para el amor en las parejas aún no ha sido solucionado. Cuando existen esas dificultades, primero hay que ir a mirar si la persona quiere a su madre. El que rechaza a su madre, por lo general, está impedido de querer a una pareja y, al cabo de poco tiempo, seguramente la pareja va a vivir lo mismo que la madre.

El déficit con la madre se va a repetir en el amor con la pareja y luego con los hijos. Si, por ejemplo, hemos sido un hijo invisible (un niño invisible es aquel que sufre la indiferencia de sus padres y de los adultos emocionalmente significativos: abuelos, tíos, maestros, educadores…).

Los hijos que alguna vez fueron invisibles, al tener sus propios hijos, muchas veces se comportan como padres ausentes.

Anteriormente nos referimos a la dinámica de la «niña de papá». Esta hija siente una gran admiración por la figura del padre, aunque a veces puede llegar a tener una relación conflictiva con él. Se siente especial ante sus hermanos y hermanas. Imita a los hombres en su búsqueda de éxito. Es la princesa de papá, lo idealiza, y rechaza a su madre. Excusa los defectos del padre y se centra en las imperfecciones de su madre. Tiende a considerar inferiores a las otras mujeres. Su relación con su cuerpo, creatividad, espiritualidad y capacidad para establecer relaciones íntimas se encuentran dañadas.

Cuando una persona no respeta el orden familiar, siente desconfianza, desprecio hacia los demás y hacia sí misma. Vive en la arrogancia, se atribuye un lugar y una función que no le corresponden, y la conciencia familiar le hará vivir todo tipo de castigos, en forma de fracasos y accidentes, por ejemplo. Esto se observa en los talleres o consultas individuales. El consultante dice: «Quiero arreglar a mi familia», «Mi familia es un desastre y quiero que estén bien», «Quiero trabajar, pero, si debo hacerlo con mis padres, prefiero que no, no los soporto», «Solo acepto trabajar la relación con mi padre, la que tengo con mi madre no tiene remedio».

El primer vínculo y la primera relación es padre, madre, hijo, y es de carácter fundacional en cuanto es el origen del tipo de relaciones que tendremos a medida que vamos creciendo. Hay una relación directa, aunque sutil, entre el estilo y la forma en que me relaciono con mis padres con la forma y el estilo de relacionarme con mis maestros, jefes, personas de autoridad. Si con mis hermanos no me llevo bien, seguramente tendré algunos problemas con pares en mi trabajo o con colegas.

Cuando el más joven del sistema respeta al más antiguo, el amor empieza a fluir en el sistema.

El desorden puede manifestarse a nivel somático: dolores o rigidez en distintas partes del cuerpo (brazos, rodillas, hombros, espalda) o con enfermedades tales como cáncer, fibromialgia, autoinmunes (reuma, artrosis), esclerosis múltiple. Nuestros dolores corporales son somatizaciones de un rechazo a otro, una separación, una exclusión.

La vida de la persona es el mejor espejo de los desórdenes que su sistema necesita sanar. Fracasos, accidentes, olvidos, síntomas de enfermedades inespecíficas, enfermedades diagnosticadas, conductas, conflictos en los ambientes donde se desempeña son la consecuencia de fidelidades inconscientes e intrincaciones familiares.

Cuando hubo destinos difíciles que han dejado huellas profundas —como puede ser el caso de muertes trágicas, personas olvidadas o no reconocidas—, el dolor de estos sucesos se queda atrapado en el inconsciente familiar, generando síntomas que se pondrán de manifiesto tarde o temprano en los más sensibles.

Cuando un hijo está empeñado en vivir algo, lo hará; frente a sus padres o a sus espaldas. «Querido hijo, no me debes nada. Mi amor hacia ti es incondicional y te acepto como eres. Eres una persona amada y libre».

Sanar nuestra historia es una responsabilidad que no se comparte con los hijos.

Algo que aprendí con este trabajo es que nunca son los otros, siempre somos nosotros.

Nosotros y nuestras fidelidades inconscientes, nuestra buena conciencia. Somos nosotros los que tenemos relaciones difíciles, e involucrarse en el problema es encontrar buena parte de la solución.

No somos entes individuales, y es solo a través de la ayuda que se nos presta desde el mismo momento que nacemos que podemos desarrollarnos. Dependemos de ese haber tomado y recibido para crecer y desarrollarnos.

Solo en la medida que hayamos tomado de otros estaremos preparados para dar y recibir.

La relación primera con los padres es lo que determinará el éxito o el fracaso como adultos. Si esta relación no ha sido buena, puedes hacer que ahora, que tomas conciencia de esto, puedas sanarla.

En los sistemas, lo reprimido tiende a aflorar de nuevo en busca del orden, y lo hace generalmente por la parte más frágil. Todos somos fieles a aquellos miembros de la familia que vivieron destinos especialmente dolorosos y que generaron rupturas en el flujo de la fuerza de la vida en la familia. Con frecuencia, esta lealtad y fidelidad emerge en los hijos, los nietos o aun descendientes de generaciones posteriores. Toda la información psíquica de nuestros antepasados, la conozcamos o no, está impresa en nuestros genes y conforma la herencia psíquica y el inconsciente colectivo familiar, como ya explicamos.

«Solo pueden ser felices aquellos hijos que tienen padres felices (que han resuelto sus asuntos y se hacen cargo de sus responsabilidades); los hijos felices con padres infelices son tomados por el amor ciego y viven en una ilusión».

Veamos, los hijos felices cuyos padres no son felices es casi seguro que en algún momento comiencen a funcionar en una dinámica que los lleve a querer ponerse en el lugar de estos padres para resolverles algo; por ejemplo, inconscientemente decir: «Me voy en tu lugar», o «Mejor a mí que a ti». Cuando se está en esa dinámica, los padres no ven al hijo y muchas veces acuerdan que debe irse el hijo en su lugar, siempre de una forma inconsciente.

Cuando un padre dice «Estoy preocupado por mi hijo o hija», en realidad lo que está diciendo es «Quiero que mi hijo o hija ocupe mi lugar», y la pregunta es «Dónde», y la respuesta es «Que se vaya de la vida antes que yo». Entonces lo correcto es decir «Me ocupo de mi hijo o hija», no «Me preocupo».

Cuando los padres están felices, esto es, cuando han resuelto sus asuntos y como adultos saben que han traído hijos al mundo para darles su amor, apoyo, ayuda, los hijos pueden ser ellos mismos; se ubican delante de sus padres y, desde allí, pueden ver la vida y el futuro, sienten el apoyo detrás y no necesitan hacer nada por los padres.

«No es un destino la desdicha, es una elección».

«Tomar el camino de la vida siempre tiene recompensa…: la felicidad».

«Cada uno de nosotros vive en su propio laberinto…, buscando la salida».

El camino hacia la vida es un camino que nos fue dado como un regalo y viene a través de nuestros padres y de nuestros ancestros. No siempre es fácil tomarlo: implicaciones, enredos sistémicos, secretos, exclusiones, mandatos familiares, destinos difíciles, prejuicios, la consciencia diciéndonos quién es bueno y quién malo… nos atan al pasado. Olvidamos que pertenecemos a un sistema, a una familia, a una red, y que, por lealtad y amor infantil, quedamos enredados en un destino que no nos pertenece.

¿Cómo sé si estoy mirando a la vida, si la he tomado o si estoy en el pasado? ¿Qué hago ahora con esta información? ¿Cuál es el siguiente paso? ¿Soy un espectador de mi vida, o un protagonista responsable? ¿Qué pasará conmigo cuando mire a la vida? ¿Seguiré siendo aceptado? ¿Amado? ¿Qué haré con la culpa? ¿Con el resentimiento? ¿Con la desconfianza? ¿Con la buena y mala conciencia? ¿Cuánto hace que no abrazo a alguien que amo? ¿Cuánto hace que alguien no me abraza? ¿Honro al padre de mi hijo o hija en ellos? ¿Qué es lo que me impide acercarme amorosamente?

Ejercicio

Cierra tus ojos, respira profundo, espera. Aparecerá la imagen de una persona que conoces delante de ti, mírala con los ojos del corazón, recuerda cuánto la amas y díselo. Expresa tu amor. Tu trabajo espiritual le llegará, esté viva o no, cerca o lejos.

Decía Hellinger que cada persona aporta al mundo —y al todo— algo muy especial. Cuando tomamos contacto con un campo más amplio, que supera el pensamiento, las sensaciones y las emociones, algo sale a la luz y podemos tomar contacto con las fuerzas del destino ante las que ahora, tal vez, me siento impotente.

Esa fuerza mayor que a todos y todo une es el espíritu primordial, y actúa en todos y todo al mismo tiempo.

Quien asiente al movimiento creativo y está en resonancia con el espíritu se pone en una actitud donde la perfección no existe, acompaña el movimiento que se manifiesta y participa en esto tal cual se presenta. Toma su vida y su plenitud.

Quién camina de esta forma es ágil y feliz ante la realidad tal cual es.

El andar con el espíritu da paz en el alma.

Apenas comenzamos a transitar por la vida, como los niños pequeños cuando empiezan a caminar, vamos tambaleándonos y pidiendo a nuestros padres que nos miren, que miren qué bien lo hacemos. Luego, ya no construimos castillos en la arena, sino que formamos nuestra propia familia; sin embargo, de vez en cuando aún nos giramos para ver si nos miran. Cuando crecemos, nuestros padres están en nosotros, de una forma plena, completa, indudable; sabemos lo que les hubiera gustado y les pedimos permiso para hacer lo que nos gusta ahora, tal vez, un poco diferente. Es verdad que lo pasado fue mejor, pero… para el pasado, porque lo mejor para cada cual es esto que hacemos en este presente, y todo está bien; si lo comprendemos, habremos avanzado. No debo nada hacia atrás, mi deuda mira adelante, a los que ya están, a los que vendrán. Dar vida no es solo engendrar hijos, es mirar a cada uno y cada cosa con amor, siempre.

QUINTA PARTE

Conflictos irresueltos y derecho

Pienso que la mejor parte del ejercicio de la abogacía es la posibilidad de mostrarles a los clientes alternativas creativas y acompañarlos en el camino de la solución.

La primera herramienta que ofrece el abogado a su cliente es una escucha atenta y, en lo posible, neutral. La neutralidad no es posible en un ciento por ciento, y eso es así porque todas las personas tenemos como mínimo conflictos irresueltos de la infancia, que nos hacen mirar la realidad de determinada manera. El mayor logro es superar a medida que aparecen estos conflictos y mirar a todas las personas como iguales, sin calificar entre buenos y malos.

La segunda es el análisis del caso y la propuesta de solución legal, así como una capacidad de espera, pues el cliente requiere tiempo para decidir.

El cliente sabe lo que necesita cuando conoce las herramientas de que dispone. Acompañarlo en su recorrido por las opciones con compromiso y no desde la directiva de la aceptación ciega es un rol que se logra con experiencia profesional y trabajo personal.

Mi formación sistémica me ha mostrado cómo ser una mejor profesional, y antes que eso, mejor persona, y ha beneficiado a mis clientes. Cada vez son menos los casos que requieren acudir a la justicia. También ha mejorado la relación con los abogados de parte y con el cliente contrario, y cada vez más el cliente y su contraparte llegan a soluciones conjuntas y equitativas tras observar los conflictos subyacentes.

En este sentido, la filosofía para la vida que se propone y los recursos sistémicos de los que dispongo han enriquecido mi trabajo como abogada, me han enseñado a situarme en mi lugar, a escuchar a mis clientes cuando realizan una consulta, a sentirme abierta y flexible, y a mirar la solución.

Siendo abogada, inicié estudios de psicología con mi maestro Stanislav Grof. En 1999, me certifiqué como terapeuta transpersonal con especialización en respiración holotrópica. Fue Grof quien me instó a conocer el trabajo de Bert Hellinger, en Alemania, y de Norberto Levy, en Buenos Aires, Argentina.

Mi entrenamiento en autoasistencia psicológica con Levy y filosofía para la vida con Hellinger, además de las exploraciones en hipnosis ericksoniana, chamanismo, PNL, entre otros, me han posibilitado desarrollar en 2001, en Buenos Aires, el concepto de filosofía jurídico-sistémica. Siendo ya maestra de la Hellinger Sciencia designada por Hellinger, redacté el programa y los contenidos de dieciocho módulos que el maestro dirigiría en una universidad de Brasil. Al llegar a ese país, descubrimos que se había registrado mi trabajo con el nombre de «derecho sistémico». Estas enseñanzas en Brasil se desarrollaron hasta el fallecimiento de Hellinger, en septiembre de 2019. En 2020, en plena pandemia, realicé una introspección y balance de la enseñanza y mis aportes al movimiento hellingeriano, e incorporé, además, conceptos nuevos a este trabajo, provenientes de autores como Erick Berne, Milton Erickson, Virginia Satir, Elizabeth Kübler Ross, Thich Nhat Han, Pema Chödrom, entre otros, y mis propias observaciones de campo.

El trabajo que realizo actualmente se denomina «resolución sistémica de conflictos» (RSC).

Luego de varios años de estudio en diferentes países, he logrado una didáctica propia para trabajar sistémicamente en sesiones individuales o en grupos.

En 2013, la Universidad Humanista Viktor Frankl de Zacatecas, México, me invitó a realizar conjuntamente un Diplomado Internacional en Resolución Sistémica de Conflictos, que ha resultado ser un tema de interés para profesionales no solo del área del derecho, sino también de psicología y medicina.

Las configuraciones sistémicas aplicadas al derecho para la resolución de conflictos son una herramienta fenomenológica muy apropiada. Como tal, permite evaluar de forma estratégica, en su justa dimensión, tanto las raíces de los conflictos como las perspectivas de solución.

En primer lugar, esta herramienta permite realizar un diagnóstico de situación correcto. Las configuraciones, como las he diseñado aplicadas al derecho, traen a la luz de la conciencia vínculos, emociones y roles que están en juego sin ser debidamente reconocidos por las partes o sus letrados.

Permiten ver qué se defiende realmente en un conflicto interpersonal o interinstitucional, y qué implicaciones inconscientes funcionan como disparadores de violencia, como bloqueos o impedimentos en los procedimientos tendientes a encontrar satisfacciones recíprocas y equitativas.

En segundo lugar, facilita la solución. Los principios de la RSC permiten intervenir de forma rápida y eficiente, incluyendo, equilibrando y ordenando el sistema a partir de las exclusiones, los desequilibrios y los desórdenes descubiertos. De esta forma, aportan la posibilidad de destrabar pacíficamente situaciones que de otra manera perdurarían y se profundizarían en el tiempo.

Como método, sirve para pacificar los sistemas de las partes involucradas, tanto en negociaciones privadas y mediaciones como en litigios. Además, acceder a esta metodología de diagnóstico e intervención, que beneficia a asesores, asistentes, letrados, árbitros, jueces, docentes, consultores y demás actores involucrados, es conveniente para el abordaje profesional de conflictos por lo siguiente:

- Ayuda a preservar valores y defender intereses.
- Ahorra trabajo y energía.
- Posiciona correctamente para la anticipación de resultados.
- Permite encaminar el acompañamiento de los clientes de una forma exitosa y satisfactoria.
- Permite la experiencia de la paz que se inicia en el alma.

Como abogados, podemos ser invitados a colaborar en la resolución de un conflicto o a tomar partido por nuestro cliente, que se considera una víctima. La regla general es la segunda situación.

¿Cuál es la postura del cliente ante el conflicto? ¿Cuál es la postura de su abogado? Por lo general, los clientes nos consultan porque se encuentran ante un conflicto y como individuos en un proceso personal de duelo.

¿Qué relación puede haber entre un tema legal y el duelo? Veamos la siguiente curva de duelo basada en el modelo de la psiquiatra Elizabeth Kübler Ross:

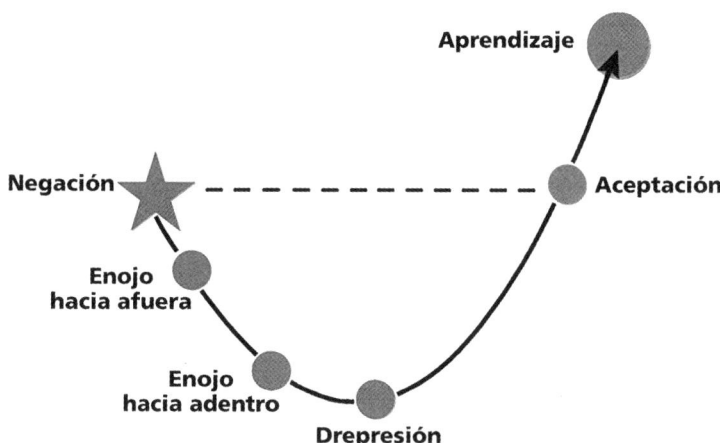

He observado que, cuando una persona se encuentra en la etapa del enojo, es cuando contrata los servicios de un profesional y pone énfasis en que quiere hacer pagar a la otra parte el daño recibido. Suele esperar que su abogado luche en su favor y que la otra parte sea vencida, y presionará a su letrado para que llegue a su objetivo en el menor tiempo posible y con el mayor daño hacia el contrario.

El duelo no se produce necesariamente ante la pérdida de un ser querido. También hablamos de duelo cuando una pareja se separa, cuando se requiere en temas de familia un régimen de visitas o cuidado personal, alimentos, sucesiones, cuando hay daños y perjuicios o temas patrimoniales. La parte que se siente víctima continúa mirando el problema y pelea con todas sus fuerzas.

Cuando los abogados relatamos en la demanda o en su contestación los hechos al juez, utilizamos la siguiente frase: «Todo se desarrollaba normalmente hasta que de pronto...». ¿Cómo podría relatarse mejor una posición de víctima? Nada ocurre de pronto, y es muy posible que se trate de un patrón repetitivo: el mandato dice «En esta familia, cada diez años, caemos en bancarrota», y eso ocurre inexorablemente con hijos y nietos, o «Nadie tiene casa propia porque la perderá», y los descendientes de quien dijo la frase pierden una y otra vez sus propiedades. Los acontecimientos se corresponden con dinámicas ocultas de las que, por supuesto, no somos conscientes, y cuando son mostradas por un facilitador, la persona comienza a darse cuenta de la serie de acciones que tomó y que la llevaron a la situación en que se encuentra.

El conflicto no comienza nunca abruptamente.

El proceso de duelo, cuando no es patológico, tiene una duración aproximada de dos años. En ese lapso, la persona llega a la etapa de aceptación, y es allí cuando se da cuenta de que el abogado que contrató no la está acompañando hacia la solución, sino que mantiene la mirada en el problema; entonces cambiará de abogado. ¿Qué ocurrió? La persona ha atravesado un doloroso proceso interno que rara vez es percibido y tenido en cuenta por los profesionales.

No se requiere, no es necesario que el abogado se transforme en terapeuta, aunque sí sería conveniente que conociese algunos de estos conceptos que le facilitarían el ejercicio profesional.

Cuando hablamos de conflicto, dos tienen razón, personas, partes o grupos.

Los dos tienen razón desde su buena conciencia, pues ambas partes se encuentran en una lucha de lealtades y en el pasado.

Si como abogado/a logro ubicarme en una posición de servicio, estoy es disponible y abierto/a hacia mi cliente. Reconociendo su poder de decisión, dándole información, ofreciéndole opciones e involucrándolo en el proceso, podré mostrarle el camino hacia la resolución del conflicto. Si, en cambio, el cliente está a mi servicio —respondiendo ciegamente a mis directivas, metodología y estrategias— con respecto a un resultado que para el abogado es el correcto, y el profesional es el único que sabe lo que requiere y de antemano determina la solución, confrontaremos una y otra vez con la otra parte en un trámite largo y difícil, dando vueltas en círculos y, tal vez, agotándonos ambos con la mirada en el conflicto.

A la larga, perderé su respeto, ya que no tengo una actitud de disponibilidad hacia él, y si bien en un principio me verá como su salvador, finalmente se sentirá una víctima y ante sus ojos seré un perpetrador igual a como sitúa a la parte contraria.

Cuando un cliente se halla en la etapa de enojo, de acuerdo con el gráfico de duelo presentado más arriba, se encuentra en el amor ciego, en la lealtad hacia los mandatos, y actúa muy posiblemente ofendiéndose, sintiéndose perseguido, con una conducta oposicionista o pasivo-agresiva. Cuando se halla en la etapa de aceptación, se encuentra en calma, puede ver el todo y cada una de las partes, anhela y aspira a la reconciliación.

¿Qué pregunta un abogado a su cliente? Cuando pregunta con qué lo ayuda, crea en el cliente una confianza inmediata y lo posiciona hacia la solución. Cuando pregunta qué le pasa, lo mantiene en el conflicto, lo obliga a mantener la mirada en lo que ocurrió, y no en lo que pasaría si todo estuviera bien.

Se requiere la misma cantidad de energía para mantenerse en un punto o en otro.

La filosofía fenomenológico-sistémica también es útil en sesiones de mediación, arbitraje y conciliación, en las que es posible ofrecer entrevistas individuales a las partes, con sus letrados. En estas entrevistas, es importante en la observación tener en cuenta lo siguiente:

- El conflicto que mantienen en el marco de un todo mayor.
- Las dinámicas que existen entre ellos y no pueden percibir.
- Las repercusiones que son observables y las que son impensadas.

Observar esto se traduce, por ejemplo, en la reducción del número de sesiones en las mediaciones, pues se llega a soluciones creativas por parte de los clientes, a la percepción de las diferencias que ya no se vivencian ni se piensan como irreconciliables y, sobre todo, a la decisión responsable de los clientes de cumplir con los compromisos asumidos en los acuerdos a los que suscriben. Y esto, indirectamente, redunda en la disminución de la cantidad de casos que ingresan a la justicia, y en que las partes recomiendan el servicio a otros clientes.

La posibilidad de aplicar RSC al campo jurídico es posible y beneficia no solo al cliente, sino también a su abogado y al sistema judicial en su conjunto.

En 2002, comencé a desarrollar encuentros con mis clientes, en los que configuraba, individual y grupalmente, el conflicto que me confiaban para resolver. Luego de estas intervenciones, los conflictos se transformaron en asuntos que mis clientes debían resolver, y por mi parte, en una profesional que los acompañaba en la resolución, y los conflictos, en acuerdos homologados y cumplidos. Así fue como desarrollé mi trabajo y la didáctica y metodología en la mediación para facilitar procesos de solución pacífica de conflictos.

Como abogados, sabemos y somos conscientes de que el derecho se alimenta del conflicto. Es posible llegar a un buen entendimiento manejándolo con esta herramienta como metodología de reconciliación.

En estos casos, los abogados, mediadores, árbitros y conciliadores no ayudamos, sino que acompañamos a quienes nos requieren, los conducimos después de haber desarrollado y transitado nuestro propio proceso personal. No hay acompañamiento posible si no hay trabajo personal y un cambio en la mirada acerca de cómo ejercer la profesión. Esto último se observa en la forma en que se desarrolla el proceso legal. Se percibe un trabajo más profundo y casi sin intervención del abogado, que marca la solución según sus ideas y presupuestos, sino que es el cliente quien determina cuál es la solución más adecuada para él, y el profesional acompaña desde la percepción, la intuición, los conocimientos y la entrega.

LOS BENEFICIOS PARA LOS PROFESIONALES DE LA AYUDA

La filosofía para la vida impregna a la persona y su pensamiento; su mirada y su modo de acompañar al otro cambian.

La metodología que denomino RSC —resolución sistémica de conflictos— se basa en parte en el enfoque fenomenológico que abrió perspectivas desconocidas en el tratamiento de conflictos legales y subyacentes entre las partes que litigan y llevan sus diferencias al ámbito jurídico, con el fin de resolver su necesidad de justicia, colocando nuevamente en sus manos la responsabilidad de sus decisiones y sus consecuencias.

Podemos los profesionales del derecho y auxiliares de la justicia, así como clientes y consultantes, tener una nueva mirada sobre el conflicto, a través de la cual nos hacemos conscientes de las leyes para la vida que rigen los sistemas y cómo se originan los conflictos que surgen de conflictos irresueltos personales, relaciones familiares, jurídicas u organizacionales.

Acceder a la visión sistémica aplicada al mundo jurídico permite:

- Reconocer y percibir los reclamos reales, los implícitos y los latentes en las implicaciones legales.
- Facilitar la integración de las personas, incluidas aquellas que consideramos perpetradoras, en su derecho de pertenencia a un sistema.
- Reconocer quiénes son los miembros que forman un mismo sistema y cómo se relacionan e interactúan dos o más sistemas.
- Prevenir el síndrome de *burnout* o desgaste profesional.
- Aplicar esta filosofía a todas las ramas del derecho y en la mediación, conciliación, negociación y arbitraje.

Las configuraciones sistémicas generan un movimiento de consciencia, nos llevan a «darnos cuenta» y a optar por la solución que nos abarca e incluye a todos.

Cuando surge un conflicto, se trata, en realidad y en lo más profundo de la necesidad, de los implicados de ser mirados, del miedo a perder la pertenencia al sistema y de estar congelados en el tiempo, en el pasado. El conflicto lleva a las partes a la necesidad de aniquilar al contrario. Esta es una reacción arcaica en la que observamos el deseo de triunfar a toda costa sobre el oponente, como si se tratara de un asunto de vida o muerte.

Al decir de Hellinger[3]:

> Aquel que emite un juicio sobre otros debe temer que otros también lo juzguen a él, no es importante si ese juicio está justificado o no lo está porque, en definitiva, todo juicio es injusto porque es soberbio. Se eleva por encima de la vida y destino de los demás, como si la propia vida y el propio destino fueran distintos y más humanos que los de los otros.

Muchas veces he observado que, cuando las partes van a juicio y reciben una sentencia, que por lo general da la razón a una de ellas, quien gana no está en paz. En un primer momento puede estar exultante por haber ganado, pero no suele encontrarse conforme con el resultado. Critica al juez, a su propio abogado, no puede ver su parte en el conflicto y mucho menos hacerse responsable en la parte que le toca en su desarrollo. Esto se debe a que, en el conflicto, lo que se ve o reclama en la superficie no es lo que la persona logra obtener en el fondo.

El sujeto se encuentra en el pasado, esperando algo muy básico, una necesidad de todos los seres humanos: ser visto, reconocido y amado, y aquí solo puede ser visto y reconocido.

CAMINO DE LA SOLUCIÓN DE CONFLICTOS

La respuesta es ser humildes para reconocernos y reconocer a los demás, no solo como individuos, sino como consagrados a su sistema de origen, a los destinos y a la consciencia particular de cada uno, siendo leales a ella. Y podemos mirar esta pertenencia a su sis-

---

3   Hellinger, Bert, *Después del conflicto, la paz.* Buenos Aires, Alma lepik, 2006, p. 39.

tema dentro de un todo mayor: pertenecemos a una comunidad, a una provincia, a una nación, y finalmente desembocamos en una consciencia planetaria.

Los demás son tan leales como nosotros. Y lo que se deriva de este «darnos cuenta» es el respeto.

¿Dónde encontramos humildad y respeto? En el presente. En cada momento en el que se nos muestra lo que nos toca hacer y cómo debemos hacerlo.

Y, tal vez, el modo no es el que emplearon nuestros antepasados, tal vez ahora es diferente. Al vivir en el presente, soy consciente de los mandatos, de los secretos y de las lealtades de mi sistema.

Accedo a ese sentido de lo diferente desde un solo lugar, que es el mío, en cada sistema al que pertenezco y, por lo tanto, desde un lugar de amor claro, humilde y compasivo.

En el presente y siendo consciente, puedo hacerme cargo de las consecuencias de mis actos y de mi responsabilidad. En el conflicto, unos ganan y otros pierden. En el presente, ganamos todos.

La paz, entonces, es un lugar de encuentro. Aquello que antes había estado parado, excluido, y era combatido da paso a un encuentro de respeto y amor.

Aquellos que estaban encadenados al pasado se sitúan en el presente y miran a los ojos a la otra parte, asumen su responsabilidad, eligen las vías de solución y dejan de lado la confrontación. Incluyen en lugar de separar, y concilian y reconcilian posiciones.

Desde 2002, trabajo con configuraciones sistémicas en el ámbito del derecho, en sesiones individuales; en mediación, supervisando mediadores y mediaciones; en intervisión, con jueces que desean observar casos complejos, con trabajadores sociales, con colegas.

En este sentido, dice Marianela Vallejo Valencia[4]:

> Una vez presentado el conflicto, la mayoría de las veces se hace necesaria la presencia de terceros, mediadores de este, como jueces y conciliadores que ayuden a dirimirlo. En este sentido, las

4   Vallejo Valencia, Marianela, *Constelaciones familiares para liberar la energía del amor y de la vida.* México D. F. Aguilar, 2008, pp. 225-226.

configuraciones familiares también se posicionan como un tercero, con características diferentes a los mediadores, para resolver el conflicto entre las partes. Son un tercero continente susceptible de recibir las dos posturas contrarias para que, permeadas por los principios o leyes hellingerianas, puedan completar lo pendiente, reconocer lo no visto, incluir lo excluido y restablecer el orden perdido, en forma tal que lo que estaba en discordia pueda reconciliarse y conciliar los opuestos. El trabajo con constelaciones constituye una valiosa herramienta en el manejo de conflictos jurídicos por cuanto, al evitar que las partes se vean en la necesidad de iniciar procesos judiciales costosos y de larga duración, que perjudican tanto al demandante como al demandado, se aligera el pasaje hacia la reconciliación.

Por ahora, este trabajo llega a su fin. Reconocer las creencias limitantes que dan lugar a conflictos irresueltos nos trajo hasta aquí, fue un camino sinuoso y tal vez tomó tiempo. Valió la pena recorrerlo para mí, y espero que también, para quienes atraviesan sus procesos personales, estas propuestas los acompañen.

Mis mejores deseos.

Buenos Aires, 2024

SEXTA PARTE

Testimonios

Cristina Llaguno, profesora y escritora inspiradora, merece un cálido homenaje. Su dedicación a la fuerza de la enseñanza es notable, compartiendo sabiduría y guiando a estudiantes y consultores en la búsqueda del autoconocimiento. A lo largo de su trayectoria, ha absorbido diversos conocimientos, desde técnicas de respiración holotrópica, chamanismo, hasta las enseñanzas profundas de Eric Berne y la filosofía transformadora de Bert Hellinger. Cristina es una verdadera guía enriqueciendo vidas con su pasión por el aprendizaje. Hoy, brilla como la mayor divulgadora de esta filosofía de vida, impactando positivamente en quienes tienen la suerte de cruzar su camino.

Ana Rosa Galutti
Abogada, mediadora, empresaria. Brasil

Comencé los talleres de constelaciones en un momento de mi vida de absolutos cambios. Era imprescindible la toma de decisiones. Eso me provocaba ansiedad e inestabilidad emocional, a tal punto de sentir una incomodidad muy grande en mi día a día. En la búsqueda de mi crecimiento personal y de mi estabilidad emocional, allá por agosto del 2012, concurrí a mi primer taller. En marzo, comencé mi formación. La sensación de bienestar, de paz interior que yo lograba en mí día a día, y la observación de mis asuntos habían cambiado y, con ello, mis emociones, que ya no eran mis enemigas, sino que me acompañaban diferente, de manera apacible. Siempre digo que las constelaciones fueron, son y serán mi esqueleto de soporte. Gracias infinitas.

KARINA MARTINS
Empresaria. Buenos Aires

Conocí a la doctora Cristina Llaguno en las primeras jornadas de derecho sistémico organizadas por el Instituto de Derecho Sistémico del Colegio de Abogados de Morón, donde es su directora. Quedé fascinada y me dije que, si existe una herramienta fenomenológica para que mis clientes puedan ver el origen de los conflictos y las posibles soluciones, era «eso» lo que necesitaba. Comencé a participar del Instituto, recuerdo que tenía una audiencia como abogada del niño y lo comenté, ya que la problemática entre los adultos era muy grave. Cristina me sugirió que les preguntara a ambos padres qué tenía cada uno para agradecerle al otro. Ambos padres, por supuesto, mencionaron al hijo. Ingresamos a la audiencia con la consejera solo los abogados; allí también se lo dije a los letrados de los padres, que estaban en una guerra personal que en nada ayudaba a sus clientes. Todo se ordenó; las lealtades, secretos, amor ciego, desórdenes y exclusiones producen daño, y en este caso impedía a un niño ser feliz. En el año 2021, sentí que era el momento para comenzar la formación en el centro Reconciliar, conocer y tomar la filosofía para la vida de Bert Hellinger de la mano de Cristina. Fue la mejor decisión porque sus implicancias son y seguirán siendo positivas para mí y, por ende, para mi sistema, para mis clientes y sus conflictos, ya que mi acompañamiento es desde el lugar que me corresponde, de conocimiento y respeto a su servicio. Una vez que tomas las constelaciones y ellas te toman, forman parte de tu vida y todo es para mejor. Agradecida a Cristina, siempre.

DRA. MARÍA DE LOURDES IBARRAO
Abogada del niño. Buenos Aires

Podría decir que mi vida tiene un antes y un después. Antes de Cristina Llaguno y después de Cristina Llaguno. Conocí a Cristina en 2010. Cristina trajo las constelaciones familiares a mi vida, las cuales han sido una herramienta invaluable. Han brindado claridad y comprensión en mis relaciones familiares y personales. A través de las constelaciones familiares, he podido explorar y sanar dinámicas familiares pasadas y presentes.

Estas prácticas me han permitido identificar patrones y creencias limitantes que se han transmitido de generación en generación. Al observar y representar a los miembros de mi familia en una constelación, he podido comprender mejor las dinámicas ocultas y los roles que desempeñamos.

Las constelaciones familiares también me han dado la oportunidad de sanar heridas emocionales y liberar cargas que he llevado por mucho tiempo. Al visualizar y experimentar las interacciones familiares en una constelación, he podido encontrar soluciones y reconciliarme con situaciones del pasado.

Además, las constelaciones familiares me han brindado una perspectiva más amplia sobre las relaciones familiares y me han ayudado a cultivar una mayor compasión y empatía hacia los demás. Me han enseñado la importancia de honrar y respetar los sistemas familiares, reconociendo que cada miembro tiene un papel y una contribución única.

En resumen, las constelaciones familiares han sido una herramienta transformadora en mi vida. Me han ayudado a comprender mejor mis relaciones familiares, a sanar heridas emocionales y a cultivar una mayor compasión y empatía hacia los demás. Estoy profundamente agradecida por el impacto que han tenido en mi vida.

SORAYA PLATT
Empresaria. Tucson, Arizona, USA

Cada creación de Cristina fluye como un auténtico «elixir alquímico». Sus palabras, precisas y a menudo provocadoras, no solo inspiran y desafían, sino que también convocan al lector a sumergirse en dimensiones desconocidas o poco exploradas de su propio ser. Mi conexión con Cristina se ha forjado a lo largo de más de dos décadas, y me siento plenamente autorizada para afirmar que es una profunda conocedora del alma humana.

Su humildad, generosidad, empatía y compasión resplandecen no solo en cada página que escribe, sino también en la forma en que se relaciona con sus alumnos, en su acompañamiento a consultantes, en su núcleo familiar, y con sus amigos y colegas.

Desde mi perspectiva, su travesía al lado del maestro Bert Hellinger marcó un punto crucial en su vida. A través de la mirada sistémica y sus propias comprensiones, Cristina ha integrado diversas áreas de conocimiento y experiencia. Con un toque de humor y un estilo único, comparte con el mundo no solo su obra, sino su propia esencia, confiando en que cada individuo posee la capacidad de tomar aquello que necesita para transitar exitosamente su propio camino.

Cristina no es simplemente una autora; es una maestra que invita a la autoexploración y el crecimiento personal con una sabiduría que trasciende las páginas de sus libros. Se ha convertido en un importante recurso para aquellos que buscan el autoconocimiento y la evolución interior.

NORA SUÁREZ
Bioquímica clínica, facilitadora en configuraciones sistémicas,
coach de Vida-Gaithersburg, Maryland, USA

En búsqueda de un trabajo individual, me intrigó el método de trabajo en Configuraciones sistémicas que llevaba a cabo la doctora Cristina Llaguno, directora del centro Reconciliar.

Concurrí a uno de sus talleres y, al finalizar, realmente noté que mi mirada fue diferente y sentí ganas de más. Continué asistiendo a varios encuentros, hasta que comencé la formación; allí vivencié por completo mi trabajo individual, mi proceso y mi crecimiento, en un continuo acompañamiento por parte de Cristina, mi maestra. Profundamente agradecida, y hoy en sintonía con la vida.

SILVANA CITTADINO
Licenciada en Seguridad e Higiene. Buenos Aires, Argentina

Conocer a la doctora Cristina Llaguno me introdujo en un viaje de introspección…, de conocimiento personal…, de registro de emociones. No estoy en el mismo lugar, me he puesto en movimiento.

Aprendí a entender, a comprender, a acompañar, a mirar los hechos con una mirada sistémica.

Aprendí que somos el resultado de una larga cadena de ancestros que están presentes en nuestras vidas, que dejan sus marcas, que condicionan e influencian nuestras decisiones.

Esta filosofía de vida se reflejó en el trabajo que cada día desarrollo en el Juzgado de Paz de mi pueblo con las familias, tanto con sus miserias como con su abundancia.

Agradecida de haberla conocido, porque se me ha ensanchado el corazón.

DRA. MARÍA INÉS LLANOS
Juez de Paz. Navarro, Buenos Aires, Argentina

Mi nombre es Patricia, tengo cincuenta años, estoy iniciando mi segundo año de formación.

Buscando profundizar un camino que comencé hace años, cuando asistí a mi primer taller de constelaciones familiares, inicié la formación hace quince meses, sin saber lo mucho que impactaría en mi vida la filosofía de Bert Hellinger.

Desde el inicio, estuve dispuesta y receptiva porque estaba buscando un cambio en mi vida, ya que los mandatos, los preconceptos y lo políticamente correcto empezaban a hacer mella en mí.

Dicha filosofía para la vida se fue instalando en mí, y lo sigue haciendo, y me permite comprender, desde el amor, el origen y fundamento de mis actos o acciones, dándole sentido y dándome la posibilidad de hacerlo diferente para sanar, para responsabilizarme de mis asuntos y resolverlos.

Por ejemplo, tomar a los padres es una acción que aprendí en la formación, aceptarlos tal cual son, con lo bueno y lo difícil. Yo creía que lo había hecho; sin embargo, cuando se presentó frente a mí la imagen de mis padres de vida y mis padres adoptivos, me embargó la emoción y una mezcla de sensaciones que daban cuenta del dolor que aún me causaba esa situación.

Gracias a esa imagen junto con las frases sanadoras y el trabajo introspectivo de la formación, puedo tomarlos cada día, sentirlos hoy a los cuatro en mi corazón, agradecer lo que fue y lo que no, y sentirme plena y acompañada por ellos continuamente.

Recomiendo la formación para toda aquella persona que quiera ser su mejor versión, evolucionar y resolver sus asuntos conscientemente y desde el amor.

PATRICIA RAMOS
Psicóloga. Buenos Aires, Argentina

En mi caso, yo comencé la formación para poder acompañar a los pacientes desde otro lugar. La experiencia en Reconciliar me hizo dar cuenta de que primero estaba yo, mis necesidades y mi bienestar, para luego poder estar con el otro de una mejor manera. Conocí la tranquilidad, y es una sensación que no quiero perder, es una brújula, me hace estar en mi lugar. Yo, previamente, estaba en un estado de estar disponible para los otros y no pensaba en mí. Pude establecer una relación amorosa con mi familia de origen y con la actual, con una distancia óptima, donde yo los veía y ellos me veían a mí, y así enamorarme de mi profesión y comenzar a sentir. Vivía en un estado de congelamiento que no sabía hasta que estudié con Cristina y las profesoras que la acompañan. Leer los libros que me recomendaron me hizo crecer, y me convertí en una adulta con deseos, proyectos y ganas de hacer. Sigo ejerciendo mi profesión con mucho respeto y amor

Mi profundo agradecimiento para Reconciliar y a mis compañeros en este camino fértil.

FERNANDA FRIEDLANDER
Licenciada en Psicología. Buenos Aires, Argentina

Un día, sin saber de qué se trataba, decidí zambullirme en las constelaciones familiares, un mundo desconocido que me intrigaba y seducía.

Hace años me acerqué a un taller una mañana de febrero, y como me habían avisado, ya no volvería a mirar la vida como antes.

El amor fue a primera vista (algunos osan decir que no existe), para mí fue un flechazo innegable: me entregué a esta filosofía para la vida, de la mano de la directora Dra. Cristina Llaguno, que lee el campo de conocimiento, mi querida maestra desde entonces. Ella goza de los dones de la sabiduría y la belleza, necesarios para llevar a cabo la difícil tarea de ver lo que falta, como así también de entrar y salir de las profundidades.

Les advierto que «cada uno ve lo que puede», se lo dice una exespoleadora y exsalvadora serial que, a un mes de arrancar la formación, ya pretendía constelar a cada taxista y a cada sistema familiar que se cruzaba en mi camino.

Ahora, después de muchos años, soy más cuidadosa e intento retenerme, muchas veces sin éxito.

Solo tengo palabras de agradecimiento. ¡Gracias! ¡Gracias! ¡Gracias!

GIMENA SAIEGH
Buenos Aires, Argentina

Reflexión final

No necesito decirte qué hacer, y no necesito que me digas qué hacer, puesto que ambos lo sabemos. Solo necesito que me permitas acompañarte en silencio en tu exploración, en tu darte cuenta. Nadie sabe más que otro, todos sabemos lo necesario, y cada uno a su tiempo, con las herramientas que tiene y con las que se dé permiso para adquirir y desarrollar.

    ¡¡¡Te deseo lo mejor!!!

    Te veo.

    Te honro.

    Tienes un lugar en mi corazón.

Agradecimientos

Mi lista es enorme.

En primer término, a mis hijos, Nicolás y Julieta, por su ternura y apoyo en el proceso de acompañarme con sus cuidados y aportes.

A Patricia Iacovone, mi agente literaria, por sus comentarios, que han enriquecido mi trabajo.

A mi colega Victoria Marchisio, por su cálido prólogo.

A María de la Luz Domínguez Campos, por darme la oportunidad de enseñar en su Universidad Humanista Viktor Frankl de Zacatecas, México.

A mis queridas alumnas Graciela, Ana, Silvana, Paula.

A mis amigas y amigos.

A mis colegas, y, también, a los consultantes y participantes de los entrenamientos en todo el mundo.

Buenos Aires, marzo 2024